Qi Gong bedeutet »Kultivierung der Energie«. In Asien gilt Qi Gong als die Grundlage von Akupunktur, Medizin, Kampfkunst und spiritueller Entwicklung. Qi Gong definiert neue Kriterien für unsere Beurteilung von Sport, Psychologie, Gesundheit, Sexualität, Langlebigkeit, Tod und Philosophie.
Dieses Buch bietet eine Einführung, die den Rahmen, in dem die Übungen stehen, erklärt und so den Einstieg in den gesamten Kontext von Qi Gong deutlich macht.

James MacRitchie stammt aus Liverpool, England. Er ist seit 1977 Klassischer Akupunkteur und praktiziert, studiert und unterrichtet seit einigen Jahren Qi Gong. Zur Zeit leitet er das Körper-Energie-Zentrum in Boulder, Colorado.

James MacRitchie

QI GONG

Chinesische Gesundheitsübungen
Eine Einführung

Aus dem Englischen
von Michel Bouteville

Fischer Taschenbuch Verlag

Deutsche Erstausgabe
Veröffentlicht im Fischer Taschenbuch Verlag GmbH,
Frankfurt am Main, September 1995

Titel der englischen Originalausgabe:
»Chi Kung – cultivating personal energy«,
erschienen 1993 bei Element Books Ltd., Longmead,
Shatsbury, Dorset

Gesamtherstellung: Clausen & Bosse, Leck
Printed in Germany
ISBN 3-596-12585-5

Gedruckt auf chlor- und säurefreiem Papier

Inhaltsverzeichnis

Dieses Buch ist meiner Mutter Joan Frederica Tilley
und meinem Sohn John Michael
in Liebe gewidmet.

Anmerkung des Autors

Qi Gong ist der Oberbegriff für eine Vielfalt von Übungen und Meditationen, die, wenn sie korrekt und unter adäquater Supervision ausgeführt werden, Gesundheit und Wohlergehen fördern. Man sollte sie ernst nehmen, nicht mit ihnen spielen: Unkorrekt ausgeführt können diese Übungen unerwünschte Nebenwirkungen hervorrufen. Es ist wichtig, den Anweisungen genau zu folgen, wenn Sie die Übungen in diesem Buch nachvollziehen. Bitte beachten Sie auch die Empfehlungen, die Ihnen helfen werden, einen guten Lehrer zu finden.

Die Übungen in diesem Buch sind nicht als Ersatz für eine ärztliche Behandlung gedacht. Für medizinische Fragen konsultieren Sie bitte Fachleute.

Ich vertrete in diesem Buch meine persönlichen Meinungen, sie sind aus meiner Praxis und aus meinen Erfahrungen mit Qi Gong, aus fünfzehn Jahren Praxis der klassischen daoistischen Akupunktur und aus den Forschungen, Einsichten und Interpretationen gewachsen, die ich während der Forschungsarbeiten für dieses Buch sammelte. Sie haben nicht den Anspruch, irgend etwas anderes vorzutragen, und sind mein ganz persönlicher Standpunkt – als Schüler, Beobachter und Kommentator dieses neuen Wissensbereichs.

Ich möchte keinesfalls, daß diese Meinungen als endgültige Beurteilungen oder Schlüsse über Qi Gong betrachtet werden; es gibt viele Qi Gong-Meister und jahrtausendealte Stile oder Traditionen. Ich hoffe, daß dieses Buch ein Beitrag zum Verständnis des Qi Gong sein wird, jetzt, da es langsam im Westen bekannt wird. Ich hoffe auch aufrichtig, daß dieses Buch Sie informieren und dazu inspirieren wird, einen Lehrer zu finden, und daß Sie dann anfangen werden, diese unglaublich wertvolle Praxis zu genießen.

Einleitung

1973 nahm ich an einem Tanzseminar in Kalifornien teil. Nach zwölf sehr intensiven und sehr ausgefüllten Tagen mit ein paar Dutzend Leuten aus allen Ecken des Landes endete der letzte Tag mit einem Toben von Congaspielern, die den ganzen Nachmittag mit furiosen Rhythmen trommelten. Das ganze Studio war voll von wild tanzenden Körpern. Ich hatte mich in eine Ecke verkrochen, in eine Decke eingepackt – erschöpft, in mich zurückgezogen – und erholte mich. Plötzlich kam mir eine Frage in den Kopf, eine Frage, die mich seitdem motiviert und antreibt: »Wo kommt die Energie her... und wie funktioniert sie?«
Später, nachdem ich wieder nach England zurückgekehrt war, begann ich nach und nach zu begreifen, daß Energie von einigen Leuten als grundlegend für ihre Gesundheit und ihr Wohlbefinden betrachtet wurde, während andere sie so hoch einschätzten, daß sie sie als die Grundlage ihres spirituellen Lebens begriffen. Andere Fragen begannen zu keimen:

- Wie kann man seine eigene Energie erfahren und spüren?
- Wie bildet Energie den Hintergrund für Gesundheit und Wohlbefinden?
- Was kann man tun, um seine Energie zu optimieren?

Es schien mir, als seien diese einfachen Fragen der magische Schlüssel zur Erforschung der Qualität und der Grundlage des Lebens: wie ein Mensch lebt, wie er sein Leben fühlt und jeden Tag erfährt.
Ich bin ein einfacher Typ der Arbeiterklasse aus Liverpool, aus dem Norden Englands, und wollte daher einfache, direkte Antworten, die mir helfen sollten, diese Dinge nachzuvollziehen, meine Energien wieder aufzuladen, wann immer ich es wollte, und so das Leben zu genießen. Wie auch immer, es gab nichts in einfachem Englisch, geschrieben durch oder für Leute wie dich und mich, das sehr einleuchtend

wirkte. Der Energiebegriff ist die Basis vieler Aspekte unseres Selbst, und dennoch, seltsam genug, fand ich nur wenig verständliche Informationen, als ich damals begann, mich umzuschauen. Es war in der Tat merkwürdig! Yoga sah wie ein nachvollziehbares System aus, aber es war nicht meins.

Ich hatte mich die letzten zehn Jahre in der Kunstszene, im Rock'n'Roll-Business und im *›Community Theater‹* engagiert und mußte mich der für einen Mittzwanziger fälligen Grundfrage stellen: »Was soll ich jetzt mit dem Rest meines Lebens anfangen?« Nachdem ich alle Möglichkeiten geprüft hatte, gewann ich den Eindruck, daß ein erster Schritt das Lernen dieser fundamentalen Sache, genannt Energie, durch das Studium eines besonderen Energiesystems sein könnte. Ich meldete mich in einer Akupunkturschule an.

Zur gleichen Zeit begann ich auch, Tanz zu unterrichten und mit dem Energiekörper zu arbeiten – als Ausdrucks- und Kreativitätsmittel und für das persönliche Wachstum. Unerwarteterweise bekam all dies eine eigene Dynamik und brachte *›The Natural Dance Workshop‹* zur Blüte. Eine Form von nicht-stilisiertem Tanzen – was jeder schaffen kann –, gemischt mit humanistischer Psychologie und Gruppenprozessen, als eine Form von sozialer Kunst. Ursprünglich in London angesiedelt, entwickelte sich diese Arbeit später in Europa und setzte sich als eine neue Tanzform durch. Nach dem Abschluß in der Akupunkturschule praktizierte ich in London auf Teilzeitbasis.

Die Akupunktur ist ein kompletter und umfassender Wissenskorpus über das Energiesystem, das in den Tiefen der östlichen Philosophie wurzelt. Aber die Akupunktur selbst, der Gebrauch von dünnen Nadeln und von Wärme, ist schlicht eine Methode oder eine Technik der Beeinflussung der Energie innerhalb des Körpers. Mir wurde bald klar, daß es mehr als eine einzige Methode geben mußte, um den Energiebegriff zu erfassen. Irgendwo mußte es eine tiefere Ebene des Verständnisses geben, aber niemand schien sehr viel darüber zu wissen.

1981 kehrte ich in die USA zurück, nach Boulder, Colorado, vor allem, um mich auf die Akupunktur zu konzentrieren – und um meine Forschungen und mein Verständnis der Energie zu vertiefen –, und grün-

dete zu diesen Zwecken mit Anna Wise *›The Evolving Institute: A Center for Personal and Social Evolution‹*, ein Selbsterfahrungs-Institut, ein Zentrum für persönliche und soziale Entwicklung.
Eines Morgens im Jahre 1983 saß ich unschuldig am Schreibtisch, dachte über meine Beschäftigung nach und schaute die Post durch. Ich öffnete ein Faltblatt. Es kündigte ein Wochenendseminar in ›Qi Gong‹ an. ›Qi was?!‹ Ich keuchte. Mein Geist begann zu rotieren. Plötzlich funkte es. All die vergangenen neun Jahre hatte ich mich in den Bereichen der Akupunktur und der östlichen Medizin engagiert, ich war Mitglied professioneller Verbände, gehörte den Bewegungen der *›Alternative Health‹* (Alternative Gesundheit) und des *›New Age‹* an, ich hatte an internationalen Tagungen teilgenommen ... Kein einziges Mal hatte ich den Begriff Qi Gong auch nur erwähnt gehört. Vielleicht war's wirklich *das*, was ich suchte?
An diesem Wochenende trat ich durch ein magisches Tor, das die Ausrichtung meines Lebens veränderte und es in eine neue Dimension brachte. Ich lernte meinen ersten Qi Gong-Lehrer, Meister Mantak Chia, kennen. Nachdem ich selbst intensiv geübt hatte, begann ich, Patienten in einigen dieser Methoden und Formen zu unterweisen. Seitdem bin ich einer Vielzahl von Lehrern und Übenden begegnet und habe mit ihnen studiert. Qi Gong wurde in mein Leben als meine persönliche Praxis integriert, sehr zu meinem eigenen Vorteil. Fünfzehn Jahre daoistische Akupunktur hatten mir ein solides Fundament gegeben, um mit Qi zu arbeiten und es zu verstehen. Die Unterrichtstätigkeit der acht letzten Jahre ist jetzt zu einer Vielfalt umfassender Übungsprogramme gewachsen.
Qi Gong ist lediglich *eine* Vorgehensweise der energetischen Körperarbeit. Ich hatte eine Vorstellung all der verschiedenen Aspekte der Körperenergie in ihren mannigfaltigen Erscheinungsformen und ihrer sozialen und kulturellen Relevanz, als ich 1989 zusammen mit meiner Frau Damaris Jarboux das Body-Energy Center in Boulder, Colorado, gründete. Wir interessieren uns für die Anatomie und die Physiologie des Energiekörpers und für seine Beziehungen zur Gesundheit von Körper, Geist und Seele. Wir verbinden Qi Gong mit Akupunktur, mit *›Therapeu-*

tic Touch‹ und mit anderen Heilmethoden, in privater Praxis, Trainings- und Workshops. Wir benutzen traditionelles und neues Wissen neben rituellen Formen und Mythen als Mittel der Stimulation personeller und gruppendynamischer Prozesse. Wir setzen einen unserer Schwerpunkte in die Verbesserung dieser Arbeit innerhalb eines breiteren sozialen und kulturellen Kontextes. Wir organisieren Vorträge, unterschiedliche öffentliche Veranstaltungen und fördern Tanzbegegnungen.

Dieses Buch wird Sie in einen Bereich einführen, der erst jetzt im Westen langsam bekannt wird – historisch gesehen seit einem Augenblick. Im Vergleich dazu entfaltet sich in China und im Fernen Osten dieses Wissen über die Energie ständig weiter, und das schon, solange die Geschichte es dokumentieren kann, d. h. dreitausend Jahre oder hundertzwanzig Generationen. Dort ist es die Basis der Gesundheitsfürsorge, der spirituellen Entwicklung und der täglichen Lebensweise. Kaiser, Mönche, Ärzte, Kampfkünstler und andere lernen, wie sie ihre eigene Energie erzeugen, kontrollieren, entfachen, veredeln, speichern oder sogar an andere weitergeben können. Qi Gong wurde geheimgehalten, mündlich von Lehrer zu Schüler vermittelt oder für wenige Privilegierte reserviert, aber im Zeitalter des planetarischen Informationsaustauschs hat sich dieser wunderbare Wissensschatz so weit verbreitet, daß er jedem zugänglich ist. In der Volksrepublik China spricht man heute von einem *›Qi Gong-Wahn‹*. 1988 fand in Peking die *›Erste Weltkonferenz für akademischen Austausch über medizinisches Qi Gong‹* statt. Vortragende präsentierten Konzepte und praktische Vorführungen, deren Bandbreite von wissenschaftlichen und medizinischen Forschungen bis zu Vergleichen zwischen höheren Bewußtseinszuständen im Buddhismus und im Yoga reichte. 1990 wurde in Berkeley, Kalifornien, der *›Erste internationale Qi Gong-Kongreß‹* gehalten, in welchem die neunziger Jahre das *›Qi Gong-Jahrzehnt‹* genannt wurden. Andere Konferenzen haben seitdem stattgefunden, und weitere sind geplant. In China ist der Drache ein altes Symbol für spirituelle Verfeinerung: Er zeigt sich jetzt überall.

Bei meinen Recherchen für dieses Buch wurde mir klar, daß der Begriff *›Qi Gong‹* erst zu Beginn dieses Jahrhunderts auftauchte. Historisch gesehen gab es anfangs die Namen für die einzelnen Übungssysteme: Dao Yin (Dao bedeutet Führen, Leiten, Yin bedeutet Dehnen), Tugu Naxin (Tugu bedeutet das Alte bzw. Verbrauchte loslassen, Naxin bedeutet das Frische aufnehmen). Die chinesische Sprache ist für unterschiedliche Übersetzungen und Interpretationen offen. Es gibt mehrere standardisierte Systeme der Transkription; hier wird die Pinyin-Transkription verwendet.

Als die Idee, dieses Buch zu schreiben, 1990 das erste Mal vorgeschlagen wurde, stand am Anfang die Frage, wie wir die Informationen sammeln sollten. Es gab sehr wenig leicht verfügbare Information und keinen Konsens über seriöse Quellen oder eindeutige Referenzen. Im Laufe meiner Gespräche mit verschiedenen Lehrern und Verlegern wurde mir klar, daß die adäquate Art und Weise der Materialsammlung eine journalistische Arbeitsweise erforderte: mit so vielen Leuten wie nur möglich sprechen und dann die Teile zusammenfügen.

Dieses Buch ist das Ergebnis von persönlichen Unterhaltungen mit Qi Gong-Lehrern, vom Studium von Dutzenden von Büchern, Zeitschriften, Artikeln und Übungshandbüchern, unzähligen Telefongesprächen, Besuchen und Diskussionen mit Autoren und Herausgebern, Umfragen, einer Reise nach England ... Ein Teil dieser Forschungen umfaßte die sich schnell vermehrende Anzahl der Qi Gong-Bücher, die gleichzeitig Mitte der achtziger Jahre zu erscheinen anfingen. (Aus unerklärlichen Gründen publizierten vier Autoren gleichzeitig 1985 ihr erstes Buch auf englisch!) Aber die Mehrzahl dieser Bücher schien für längst Bekehrte gedacht zu sein – Akupunkteure, Übende des Taiji Quan, Kampfkünstler oder andere Studenten der chinesischen Kultur.

Dieses Buch ist der Versuch einer Beschreibung von Qi Gong in einer Sprache, die jeder verstehen kann. Es war für mich ein Lernprozeß und ein Werk der Liebe; durch meine Nachforschungen ist mir das Privileg widerfahren, einige bewundernswerte und beeindruckende Persönlichkeiten kennenzulernen.

Wenn Qi Gong für Sie neu ist, wird Ihnen dieses Buch helfen, sich zu orientieren. Beim Schreiben habe ich an folgende drei Zielgruppen gedacht:

- Laien, die ein Einführungsbuch in Qi Gong brauchen.
- Qi Gong-Studenten, die eine Übersicht über die Bandbreite des Qi Gong suchen.
- Qi Gong-Lehrer, die sich mehr auf den westlichen Kontext einstellen wollen.

Qi Gong ist einer der wichtigsten und grundlegendsten Übungswege, die Sie beschreiten können. Während der letzten dreißig Jahre haben Akupunktur und die fernöstlichen Konzepte der Körper-Energie die westliche Welt wie eine Flutwelle getroffen. Heute sind sie Gemeingut. Das gleiche passiert glücklicherweise mit Qi Gong zum Vorteil aller. Ich wünsche mir aufrichtig, daß dieses Buch Sie dazu inspiriert, weiter und tiefer einzusteigen, und daß Sie beginnen, diesen grundlegenden Aspekt Ihres Lebens zu pflegen – Ihre Energie.

James MacRitchie
Boulder, Colorado, 1992

Qi Gong-Übungen zur Erfahrung Ihres Qi

Damit dieses Buch mehr als eine theoretische Abhandlung wird, haben wir eine Reihe von Übungen eingefügt, die Ihnen helfen werden, Ihr Qi / Ihre Energie zu fühlen. Sämtliche Übungen können mit einem durchschnittlichen Gesundheitszustand gemacht werden – unabhängig vom Alter oder von früheren Erfahrungen. Sie bauen aufeinander auf und entwickeln sich in der hier geschilderten Reihenfolge. Folgen Sie den Anleitungen. Sie sind zwar in einem gewissen Rahmen flexibel, sollten aber zumindest am Anfang genau befolgt werden. Die Übungen erscheinen in folgender Reihenfolge:

1. *Das Heilende Lächeln*
   Lernen Sie, Ihre inneren Organe anzulächeln, und befreien Sie sich von Ihren Anspannungen.
2. *Die Energie-Dusche*
   Nehmen Sie äußere Energie auf, und benutzen Sie sie, um sich von Ihren negativen Energien zu reinigen und sich zu erfrischen.
3. *Konzentration auf das Zentrum der Körperenergie*
   Konzentrieren Sie Ihr Qi in Ihrer Mitte, und speichern Sie es dort.
4. *An das Tor des Lebens klopfen*
   Aktivieren Sie die tiefe Ebene Ihrer angeborenen Energie.
5. *Energie auftanken*
   Benutzen Sie diese Haltungen, um Kraft zu erzeugen, und lernen Sie, die Energie innerhalb Ihres Körpers zu lenken.
6. *Heilende Energie der Hände*
   Erzeugen und entwickeln Sie Energie, und benutzen Sie sie, um sich selbst oder andere zu heilen.

Diese Übungen stammen aus verschiedenen Quellen, aber sie sind so ausgesucht, daß sie Ihnen eine gute erste Erfahrung vermitteln. Probieren Sie die Übungen, und wiederholen Sie sie langsam, bis Sie die allgemeine Ausrichtung und Absicht begriffen haben. Danach probieren Sie ohne die Beschreibung. Lockere und bequeme Kleidung ohne Einengung im Bauchbereich erleichtert das Üben.

Zu Beginn kann es hilfreich sein, wenn Ihnen die Anleitungen vorgelesen werden, während Sie üben. Sie können aber die Anleitungen auch selbst auf Band sprechen und sie beim Üben abspielen. Machen Sie es sich leicht, und lassen Sie sich Zeit. Jede Übung ergänzt die vorige. Sie können sie in der vorgestellten Reihenfolge hintereinander praktizieren. Diese Abfolge wird Ihre Energie reinigen und tonisieren, Sie erfrischen und stärken. Sie können aber auch diejenigen Übungen auswählen, die Ihnen am besten gefallen, oder eigene Übungsreihen erfinden, wenn Sie bereits weiter fortgeschritten sind. Ganz wie Sie wollen. Lernen Sie diese einfachen Bewegungen, und üben Sie sie regelmäßig, damit sind Sie im Besitz der optimalen Vorsorgemedizin. Qi Gong ist eine erstklassige Investition für Sie und Ihre Gesundheit. Lernen Sie diese Übungen. Wenn Sie erst Ihr Qi fühlen, werden Sie tausendfach für Ihre Bemühungen belohnt.

1.
Was ist Qi Gong?

Qi Gong umfaßt einen weiten Bereich. Es ist so, als fragten Sie einen Chinesen, der in den Westen kommt: »Warum sind Sie hierhergekommen?« Und er antwortet stolz: »Ich bin hier, um Musik zu studieren!« Unsere nächste Frage würde natürlich lauten: »Was für eine Art von Musik?« Und genauso, wie es viele Arten von Musik gibt, so gibt es auch viele Arten von Qi Gong. 1000, vielleicht 10 000. Was kann das bedeuten?

氣功

Abb. 1: *Qi Gong*

Es ist jetzt vielen Leuten im Westen dank der Akupunktur, des Taiji Quan und der Kampfkünste bekannt, daß *›Qi‹* Energie bedeutet. Aber *›Gong‹* ist ein Begriff, für den wir im Westen zwar kein Äquivalent in unserem gewöhnlichen Energierahmen haben, der aber eine Grundlage der chinesischen Kultur bildet. *›Gong‹* wird am besten durch *›Kultivierung‹* wiedergegeben.
In den letzten 25 Jahren haben wir uns an Begriffe wie *›Persönliche Entwicklung‹*, *›Persönliches Wachstum‹* und *›Selbsterfahrung‹* gewöhnt; und tatsächlich sind sie, im Sog der Blüte der Humanistischen Psychologie und der Human Potential-Bewegung, Ziele geworden, nach denen Menschen streben. Aber *›Kultivierung‹* bedeutet noch etwas anderes. Dieser Begriff liegt nicht auf der Wellenlänge der normalen westlichen Haltung dem Leben gegenüber. Er hat mit Eile nichts zu tun, auch nicht

mit Rentabilität oder Mode. Er glänzt nicht. Er kennzeichnet etwas, das langsam und stetig, allmählich, konstant und bescheiden ist. Er erfordert eine andere Geisteshaltung als die, an die wir gewöhnt sind. Er braucht Zeit. Er beinhaltet, daß man etwas Langfristiges auf engagierte und hingebungsvolle Art und Weise vollbringt. Eine der besten Beschreibungen ist die, daß Kultivierung der eigenen Energie so etwas ist, wie ein Stück Papier auf das andere zu legen – nach einer gewissen Zeit werden Sie einen Turm von der Höhe und der Kraft eines Wolkenkratzers haben. Das ist es, was Qi Gong-Übende machen: Sie kultivieren ihre Energie und damit sich selbst.

Warum sollte man Qi Gong üben?

Warum sollte man Qi Gong üben, wenn es so sehr nach Verpflichtung einerseits und nach langwierigen Anstrengungen andererseits riecht? Und weswegen überhaupt damit anfangen? Der allereinfachste Grund ist, daß es Ihnen hilft, sich wohl zu fühlen! (Ich kenne niemanden bei einigermaßen guter geistiger Verfassung, der sich lieber unwohl als wohl fühlen würde.)

Aber was bedeutet das: sich wohl fühlen?

Es bedeutet Gesundheit, Wohlbefinden, emotionale Klarheit und Balance, geerdet sein, sich in einem erstrebenswerten Seinszustand zu befinden, sich integriert zu fühlen, einfühlsam zu sein, Glück, Zufriedenheit, Zugang zu seinem Höheren Wesen zu haben, spirituelles Wachstum ... Wie Sie es auch immer nennen, es kann auf die eine oder andere Weise durch Qi Gong erreicht oder verbessert werden.

Es gibt viele Arten, dies zu erfahren:

- Es können subjektive Empfindungen auftreten wie: sich (vor Freude) strahlend fühlen, Klarheit im Kopf, in Frieden, entspannt, vollkommen erfrischt oder in einem positiven und wünschenswerten Zustand sein.

- Das kann sich im rein physischen Bereich abspielen, also erhöhte Vitalität, bessere Verdauung, harmonischeren Blutdruck, verbesserten Widerstand gegen Krankheiten, weniger Müdigkeit oder Ermattung bedeuten.

- Es kann helfen, Symptome und Probleme zu erkennen und zu lösen.

In China wird gesagt, daß man Qi Gong benutzen kann, um Krankheiten vorzubeugen, sie zu heilen, die Konstitution zu stärken, vorzeitiges Altern zu verhindern und das Leben zu verlängern. Die Chinesen sind ein bescheidenes Volk und haben keine kapitalistische Marktwirtschaft, Werbung oder Marketing. Wenn sie Coca Cola erfunden hätten, dann hätten sie es als ein angenehmes und erfrischendes Getränk gepriesen – und niemand würde je davon gehört haben. Sie würden mit Sicherheit nicht so was wie *›Coke is IT!‹* in fluoreszierendem Neon schreiben.
Also, nehmen Sie sich ein paar Momente, um sich folgende Argumente zu Gemüte zu führen:

- Krankheit heilen
- Krankheiten vorbeugen
- die Konstitution stärken
- vorzeitiges Altern verhindern
- das Leben verlängern

Und das ist noch eine sehr bescheidene Liste! Es steckt viel mehr drin: das Erlangen persönlicher Kraft, die Entwicklung außerordentlicher Fähigkeiten, Zugang zu höheren Bewußtseinszuständen, ein glückliches Leben ... Übersetzen Sie die prosaischen chinesischen Feststellungen in zeitgemäße westliche Begriffe, und Sie werden berauscht sein, wenn Sie nur daran denken, was Publizisten daraus basteln könnten.
Also, warum Qi Gong? Weil es mit das Beste ist, was Sie für sich tun können.

Qi Gong: Das ganze Spektrum

Man findet sehr alte Qi Gong-Arten, die mit viel Achtsamkeit durch die Generationen vererbt wurden, und daneben Formen, die gerade heute erfunden werden; spezielle Stile sind Familiengeheimnisse, die die Männer untereinander weitergeben (weil eine Frau wahrscheinlich heiraten und dann ihre Ergebenheit und Bindung mehr zu ihrem Gatten und seiner Familie verlegen wird, und damit ihr Wissen und ihre Familiengeheimnisse). Und es gibt alte Formen, die durchgearbeitet wurden, verändert, jenseits ihrer Gründungsbedingungen erweitert, bis es so aussieht, als hätte jeder seine eigene Version davon: Das sieht man z. B. bei den Fünf Tierbewegungen oder den Sechs Heilenden Lauten.

Jeder Lehrer ist stolz, daß er seinen eigenen Stil entwickelt hat. Tatsache ist, daß ich nie zwei Lehrer gesehen habe, die gleich unterrichten. Jeder scheint es anders zu machen. Jeder hat seinen individuellen Stil. Einige Formen werden nach ihrem Erfinder benannt, wie Yan Xin Qigong, Lianggong Shi Ba Fa und das Chow Integrated Healing System, nach den Meistern Yan Xin, Liang Shou-Yu und Effie Poy Yew Chow. Andere Lehrer haben für ihren Stil einen Markennamen kreiert, etwa das *›Healing Tao‹* von Master Mantak Chia, oder ihre eigene Organisation gegründet wie Dr. Yang Jwing-Ming und seine *›Yang's Martial Arts Association‹*. Alle diese chinesischen Lehrer wohnen zur Zeit in Nordamerika. Wie auch immer, genauso wie man auf verschiedenen Wegen den gleichen Ort erreichen kann, können all diese verschiedenen Formen und Stile am Ende zum gleichen Ergebnis führen!

Wie kann das sein? Nun, nehmen wir einen geläufigen Vergleich: Wie viele Arten gibt es, *›Blues‹* zu spielen? Der Blues ist eine besondere und sehr spezifische musikalische Form, die grundsätzlich auf drei Akkorden beruht. Und trotzdem haben die unterschiedlichen Progressions- und Variationsmöglichkeiten im Spiel dieser drei Akkorde zu Tausenden von Musikern und Bands geführt, die nur *›Blues‹* spielen, jeder in seinem individuellen und erkennbaren Stil; und zu Dutzenden oder sogar Hunderttausenden verschiedenen Songs und Melodien, die alle auf dem gleichen Prinzip und der gleichen Struktur beruhen.

Ein anderer gängiger Vergleich ist Klavier spielen. Es gibt nur eine begrenzte Anzahl von Möglichkeiten, Klavier zu spielen – die gleichen Noten und Akkorde stehen allen zur Verfügung –, aber einige spielen für Chöre, andere spielen Klassik, andere hyper-hochgestochenen Jazz, einige spielen eine Musik, die Sie bei der Arbeit vor sich hin pfeifen können, und ein paar spielen so, daß Sie sofort davonrennen. Jeder scheint es anders zu machen, und tatsächlich ist es bei uns so, daß jemand, der zu sehr wie ein anderer spielt, Gefahr läuft, belächelt oder sogar gerichtlich verfolgt zu werden!

Eins der Hauptprobleme ist, daß wichtige Aspekte unseres Verhaltens und unserer Erwartungen kulturell konditioniert und fest in uns verankert sind. Wir betrachten sie als natürliche Gegebenheiten und sind selten in der Lage, sie klar zu durchschauen. Durch diese eingegrenzte Sichtweise wird es schwierig einzuschätzen, wie das Leben im alten China gewesen ist. China bis zur kommunistischen Revolution, also bis zur Mitte dieses Jahrhunderts, ist sehr schön als *›hochmittelalterlich‹* bezeichnet worden. Nicht viel hatte sich wirklich seit einer ziemlich langen Zeit geändert.

Eine Konsequenz davon, grundlegend für das Verständnis von Qi Gong, ist, daß es an allgemein anerkannten Normen mangelte (es gab genausowenig eine *›richtige‹* Art und Weise, Qi Gong zu betreiben, wie es eine *›richtige‹* Art zu tanzen gibt).

Eine andere Voraussetzung ist die der geographischen Isolation. Das Land war zu ausgedehnt und technisch zu schlecht erschlossen, um viel Austausch oder Kommunikation zu ermöglichen. So fand kaum etwas einheitliche Verbreitung. Qi Gong ist prinzipiell eine nonverbale, über Nachahmung von Person zu Person weitergegebene Aktivität. Eine solche Tradition engt Wissen und Praxis auf den Kreis der Eingeweihten ein und verhindert einige Gefahren der Mißdeutung, die Büchern innewohnen. Dazu, um alles noch ein bißchen zu erschweren, gab es eine sehr tief kulturell verwurzelte Haltung, die es vorschrieb, Wissen, Fertigkeiten oder Informationen für sich zu behalten und eifersüchtig zu hüten; die einzige Ausnahme bildeten die eigenen Kinder, die treuesten Gefährten und wenige Auserwählte. Wenn Qi Gong in Schriften auf-

tauchte, dann nur in schwer zu durchschauender Symbolik oder in Metaphern.
Unter diesen Umständen entwickelten sich die verschiedensten Formen und Stilarten, und natürlich dachte jeder, sein eigener Weg sei der *›richtige‹* und der *›beste‹*. Aber was hat das alles mit Ihnen und mit Ihrem täglichen Leben zu tun?

Qi Gong und der Alltag

Qi Gong in einer Meditationshalle zu praktizieren, mit Ausblick auf mit ewigem Schnee bedeckte Berge, die mit subtilen Veränderungen in Helligkeit und Farbe auf den fließenden Wandel der Wolken, der Sonneneinstrahlung, des Nebels und des blauen Himmels reagieren, ist etwas Wunderbares. Was hat das aber mit dem Leben des zwanzigsten Jahrhunderts zu tun, damit, daß wir jeden Tag in einem gepolsterten Lehnsessel zur Arbeit fahren müssen, daß das Abendessen gekocht, gegessen und das Geschirr abgewaschen werden muß, daß wir mit jedem, dem wir begegnen, in Beziehung treten müssen, inklusive mit uns selbst, daß wir uns um die Kinder kümmern müssen ... mit unseren Bemühungen, all das in einem relativen Gleichgewicht zu halten, z. B. die Geldausgaben, die sich irgendwie in der Höhe der Einkünfte befinden sollten. Was hat Qi Gong damit zu tun?
Es scheint alles damit zu tun zu haben, was Sie im Leben wollen, und warum und wie Sie es wollen.
Jeder hat sein individuelles Leben mit all seinen Besonderheiten, seinen Makeln, seinen Schwerpunkten und seinen Genüssen, und trotzdem bleibt immer noch vieles, was wir als menschliche Wesen mit allen anderen teilen. Genauso wie wir alle die gleiche Anzahl Knochen und die gleiche Knochenstruktur haben, nur daß sie individuell gestaltet sind, genauso haben wir alle die gleiche Art von Energiesystem. Wir haben auch sehr ähnliche Wünsche und Bedürfnisse.
Es gibt etwas, das jeder will, zumindest jeder, dem ich bisher begegnet bin: Gesundheit. Ich bin noch niemals jemandem begegnet, der krank

sein wollte. Aber eine der Besonderheiten bezüglich der Gesundheit ist, daß es im Westen anscheinend niemanden gibt, der genau weiß, was das ist, obwohl es etwas ist, das absolut jeden betrifft. Wir im Westen haben keine Definition von Gesundheit.

So unglaublich es ist, aber die westliche Medizin kann den Zustand der Gesundheit weder definieren noch messen. In keinem klassischen medizinischen Buch wird das Gesund-Sein definiert. Es gibt keine Methode, die angeben kann, wann und wie sehr wir gesund sind. Wir wissen nur, wann wir nicht gesund sind, weil dann irgend etwas schiefgeht. Die gängige Definition von Gesundheit in der westlichen Medizin ist: Abwesenheit von Krankheit. Vielen Dank.

Wenn im Westen jemand krank ist, fragen wir uns, was mit dieser Person los ist, und versuchen, die Krankheitsursache zu finden, um zu behandeln, indem vernichtet, entfernt, ersetzt wird, oder was auch immer als angebracht erscheint, je nach Standpunkt der medizinischen Wissenschaft.

In China wird diese Behauptung auf den Kopf gestellt. Wenn jemand krank ist, dann fragt man sich, warum diese Person nicht gesund ist. Denn wenn sie gesund gewesen wäre, wäre sie nicht erkrankt.

Ich denke, daß dies der bessere Weg ist. Doch wie sollen wir gesund bleiben, wenn wir nicht wissen, wie wir Gesundheit messen oder einschätzen können? Vielleicht sollten wir uns ein paar Minuten Zeit nehmen und uns die chinesische Definition von Gesundheit anschauen. Diese Definition folgt dem Energiesystem, das auf einer anderen und »höheren« Ebene liegt als der Ebene von Muskulatur, Blut und Knochen. Das Energiesystem funktioniert wie ein »Kontrollsystem« oder eine Blaupause für den Körper. Es setzt ein Fundament für das Ganze. Die hierarchische Sequenz der Kontrolle und der Beeinflussung sieht folgendermaßen aus:

Energie (Qi) > Blut > Zellen > Gewebe > Organe >
Funktionen > Beziehungen > das Ganze

Wenn die Basisebene dieses Energie- oder Kontrollsystems / dieser Blaupause nicht in Ordnung ist, dann werden Sie wahrscheinlich krank –

Ihr Vergaser funktioniert nicht, die Verdrahtung steht kopf, die Reifen sind halb platt, die Lenkung ist lasch. Tatsache ist, daß Ihre Energie / Ihr Qi richtig fließen muß, damit Sie gesund bleiben.

Gesund-Sein

Was ist er also, dieser geheimnisvolle Zustand der Energie, den man Gesundheit nennt? Den Zustand des richtigen Funktionierens Ihres Energie-Kontrollsystems oder Ihrer Blaupause kann man als denjenigen charakterisieren, in welchem alles läuft, wie es sollte. Dieses wiederum kann man mit Hilfe von vier besonderen und spezifischen Kriterien der Energie beschreiben:

1. ausgeglichen
2. frei fließend
3. mit der richtigen Qualität
4. mit dem richtigen Volumen

Wenn diese vier Kriterien der Ausgeglichenheit, des Flusses, der Qualität und des Volumens erfüllt sind, dann haben Sie auch das nötige Fundament für das Gesund-Sein.

Die nächste Frage ist, wie man diese Faktoren messen kann. Die Antwort ist rein subjektiv: Sie beschreiben einfach, wie Sie sich fühlen. Fühlen Sie sich wohl, stark, klar? Oder haben Sie Gesundheitsprobleme oder -sorgen?

Akupunkteure oder andere Praktiker fernöstlicher Medizin können Ihre Verfassung mit der Technik der Pulspalpation (Pulslesen) an zwölf verschiedenen »Pulsen« am Handgelenk messen (siehe S. 66), oder auch mittels anderer Indikatoren wie Teint, Klang der Stimme, Vitalität im Augenausdruck, Geruch und so weiter. Kurzum geht es um die Einschätzung, ob jemand gesund aussieht und sich gesund fühlt. Sie wissen doch, was ich meine: diese Leute, die einen anziehen, die man gern besucht und um sich hat.

Akupunkteure, Kräuterspezialisten oder andere fernöstliche Heiler benutzen dünne Nadeln, geben Ihnen etwas zu schlucken, massieren besondere Stellen auf bestimmte Art und Weise. Mit Qi Gong aber haben Sie etwas, das Sie selbst machen können, wenn Sie wollen, wann Sie wollen, wie lange Sie wollen.
Wenn Sie Qi Gong praktizieren, werden Sie Ihre Energie ein Leben lang frisch und stark halten. Das ist das wohlgehütete und mysteriöse *›Geheimnis‹* der chinesischen Langlebigkeit. Es zeigt Ihnen, wie Sie für den Rest Ihres Lebens gesund bleiben (also Krankheiten von sich fernhalten) und wie Sie den Alterungsprozeß bremsen können. Es zeigt Ihnen auch, wie Sie Ihre Lebendigkeit bewahren und einen optimalen Seins-Zustand erreichen und beibehalten können. Schließlich zeigt es Ihnen, wie Sie Körper, Seele und Geist integrieren, in Gleichgewicht und in Frieden halten können.

Gemeinsame Merkmale aller Qi Gong-Formen

Qi Gong wird auf vielerlei Arten, auf verschiedenen Ebenen, aus unterschiedlichen Gründen und zu Zwecken benützt, die wir später ausführlich beschreiben werden. Nichtsdestoweniger gibt es bei der großen Anzahl und Unterschiedlichkeit der verschiedenen Überlieferungen, Stile und Formen Zuordnungen und besondere Merkmale.

1. *Bewegtes und Stilles Qi Gong*: Oft findet man diese grundsätzliche Unterteilung. Stilles Qi Gong, das Unbeweglichkeit und Ruhe erfordert, wird Nei Dan genannt. Bewegtes Qi Gong beinhaltet, wie der Name selbst sagt, Bewegungen und wird Wai Dan genannt. Die beiden Arten werden auch »Interne Künste« und »Externe Künste« genannt.
2. Haltung / Bewegung, Atmung und Geist: Alle Formen benutzen eine Kombination dieser Basis-Elemente.
3. Das Meridiansystem und die Akupunkturpunkte: Das gesamte Qi Gong basiert auf der energetischen Anatomie des Meridiansystems und den Akupunkturpunkten (im Kapitel 3 ausführlich beschrieben).

4. Die drei Dantian oder Felder des Elixiers: Alle Formen des Qi Gong konzentrieren sich auf diese drei Bereiche im unteren, mittleren und oberen Körper (wir beschreiben sie weiter unten).
5. Organe und Gewebearten: Alle beeinflussen und pflegen die inneren Organe und die verschiedenen Gewebeschichten und Funktionen des Körpers.

Nei Dan und Wai Dan

Nei Dan und Wai Dan sind die zwei fundamentalen Kategorien des Qi Gong. Sie können auf viele Arten kombiniert werden, aber es ist möglich, viel über das eine und nichts über das andere zu wissen. Ihre Basis-Merkmale sind folgende:

Nei Dan / Statisches / Internes Qi Gong

Statisches oder stilles Nei Dan-Qi Gong hat hauptsächlich mit dem Körperinneren zu tun. Es beinhaltet alle Praktiken, die ohne viel oder ganz ohne äußerliche Bewegungen geübt werden. Das sind z. B. Entspannungs-, Atem- oder Stehübungen. Der Geist wird während dieser Übungen bewußt eingesetzt. Der Körper schaltet vom Energie-Verbrauch auf Energie-Wiederherstellung um, wobei er seine Fähigkeiten der Selbstregulierung, -instandsetzung und -regeneration einsetzt. Dabei werden spezifische Haltungen, geistige Techniken und Atmung benützt, um das Qi zu kontrollieren und zu lenken.

Haltung
Es gibt drei grundsätzliche Variationen bei der Haltung: Stehen, Sitzen und Liegen. Stehen kann die natürliche Haltung sein oder eine spezielle Variation, in der man sich bestimmte Tätigkeiten vorstellt: z. B. hält man einen großen imaginären Ball vor der Brust. Sitzhaltungen können auf einem Stuhl eingenommen werden, auf dem Boden mit gekreuzten

Beinen oder angelehnt an einer Wand, einem Baum usw. Liegen können Sie auf dem Rücken oder auf der Seite. Diese Haltungen bringen den Körper in bestimmte geometrische Muster, die die Körperenergie spezifisch zentrieren und stimulieren.

Atmung

Atemübungen sind ein sehr wichtiger Aspekt des Qi Gong, so wichtig, daß Qi Gong manchmal mit »Übung zur Kontrolle der Atmung« übersetzt wird. Durch den Atem wird der Körper mit Sauerstoff versorgt. Die Luft zum Atmen (die Energie des Himmels) ist eine der drei Energieformen, die der Mensch zum Leben braucht. Die anderen beiden sind: die Nahrung (Energie der Erde) und die vererbte Energie (das Yuan Qi der Nieren). Alle drei Energieformen bilden das *›Essentielle Qi‹*.

Die Atmung wird folgendermaßen kontrolliert:

1. Entspannende (beruhigende) Methoden.
2. Die Bauchatmung, die verschiedene Methoden wie direkte, paradoxe oder ununterbrochene Atmung benutzt oder Stop-go- und sanft-harte Techniken.
3. Die Atmung wird tief in den Unterbauch geschickt; es werden »öffnende« und »schließende« Methoden dabei miteinbezogen.
4. Benutzung verschiedener Töne wie die Sechs Heilenden Laute: Man setzt spezifische Laute bei der Atmung ein, um negative / pathogene Energie aus den sechs wichtigsten inneren Organen zu entladen.

Geist

Genauso wie bei der Atmung gibt es verschiedene Methoden und Techniken zur Konzentration des Geistes. Durch Wirkungsmechanismen, die zumeist der alten wie auch der modernen Wissenschaft verborgen sind, vermag der Geist die Energie im Körper zu lenken. Die fünf Hauptmethoden, wie man dies trainieren kann, sind:

1. Sich auf bestimmte Akupunkturpunkte wie die Fußsohlen konzentrieren.

2. Sich auf schöne und friedfertige Dinge konzentrieren wie: Himmel, Bäume, Blumen, inspirierende Malerei und dergleichen.
3. Sich auf eine bestimmte Idee, Person oder Erinnerung konzentrieren.
4. Sich auf die Bedeutung von Begriffen wie Entspannung, Ruhe, Frieden konzentrieren.
5. Sich auf bestimmte Linien oder Energiegefäße konzentrieren.

Ausführung der Techniken

Durch eine Kombination von Haltung, Atmung und Konzentration des Geistes kann man eine ganze Reihe von Übungen zusammenstellen: Entspannende Übungen, die Ihr ganzes Wesen oder nur bestimmte Körperteile ansprechen, die eins nach dem anderen oder auch linienweise entspannt werden...

Beruhigendes Qi Gong, um den Geist zu entspannen.

- Atemübungen, die spezifische Körperhaltungen oder Atemmuster benutzen.
- Stehübungen, die man in Basis-, erholende, hohe, mittlere und niedrige Haltungen unterteilt, jede von ihnen durch eine Vielzahl von Variationen der Hand- und Armpositionen gekennzeichnet.
- Lenkung des Qi entlang diverser Meridiane und Gefäße, eventuell auch Manipulation des Qi zu verschiedenen Zwecken: z. B. am zentralen rückwärtigen Gefäß wird Qi nach oben und am zentralen vorderen Gefäß nach unten in die als *›Kleiner Himmlischer Kreislauf‹* bekannte Sequenz gelenkt.

Wai Dan / Dynamisches / Äußeres Qi Gong

Dynamisches oder Wai Dan-Qi Gong wird äußerlich ausgeübt. Es benutzt auch die Atmung und den Geist, wie das Nei Dan, dazu kommen Bewegungen. Es gibt eine unüberschaubare Anzahl dieser verschiedenen Übungen, Abläufe, Sequenzen und Formen.

- Übungen, die vor allem morgens zum Aufwachen benutzt werden, Dehnübungen vergleichbar.

- Klassische Formen mit langer Geschichte, die unzähligen Wechseln, Veränderungen und Anpassungen unterlagen.
- Übungseinheiten zur Behandlung spezifischer Symptome oder allgemeinen Unwohlseins, die man als medizinisches Qi Gong bezeichnen kann.
- Abläufe zur Stärkung der Fitness oder der Kraft, wie im Harten Qi Gong oder im Training der Kampfkünste.
- Altbewährte Familiengeheimnisse.
- Formen, die vor kurzem durch erfahrene Ärzte oder Qi Gong-Praktiker entwickelt wurden.
- Prozesse der spirituellen Transformation.

Einige von ihnen sind einfach zu lernen und zu praktizieren. Einige sind sehr schwierig und verlangen viel Zeit, Geduld und Praxis. Einige sind so esoterisch, raffiniert und schwierig, daß sie nur in einem klösterlichen Rahmen weitergegeben werden.
Wie Sie sehen, ist es unmöglich, eine vollständige Auflistung aller Formen des Dynamischen Qi Gong zu erstellen. Nicht zuletzt deswegen, weil es niemanden gibt, der sie alle genau überblickt. Wir geben hier einige der bekanntesten und geläufigsten wieder:

- Übungen zur Vorbeugung von Krankheiten (Bao Jian Gong).
- Die Acht Brokat-Übungen / Acht Eleganten Bewegungen (Ba Duan Jin).
- Muskel- und Sehnen-Training (Yi Jin Jing).
- Das Waschen des Rückenmarks (Xi Sui Jing).
- Schattenboxen (Taiji Quan).
- Das Spiel der Fünf Tiere (Wu Qin Xi).
- Spezifische Abläufe wie *›Wildgans‹*, *›Fliegender Kranich‹*, *›Schwimmender Drachen‹*.
- Natürliches Qi Gong (Lu Lu Dao Yin).
- Spontanes Qi Gong.

Viele der Abläufe sind äußerst anmutig und schön zu beobachten, vergleichbar mit einem Tanz. Ihr Fließen und ihr Ausdruck von Gelassenheit sind atemberaubend. Jede Bewegung geht in die nächste über, auf so geschmeidige Weise, daß keiner wirklich versteht, was seine Augen wahrnehmen. Manchmal ist es buchstäblich so, als würde man den Fluß der Energie begreifen, und dann wird der Bewegungsablauf zum erlesenen Schauspiel.

Qi Gong und andere Praktiken

Es gibt spezifische Merkmale, die Qi Gong von anderen Arten physischer Übungen wie Aerobic, Sport, Ballett usw. unterscheiden.

1. Es benutzt ein klares Wissen über das Körper-Qi und das Meridiansystem.
2. Es basiert auf den Theorien der traditionellen chinesischen Medizin und Physiologie.
3. Es wird in einem Zustand des inneren Friedens ausgeführt, den man durch spezifische Haltung, Atmung und geistige Sammlung hervorruft.
4. Es verlangt eine Beruhigung der Seele, eine ganz besondere Art der Regulierung des Qi.

Zusammenfassung

Wenn so vieles erreicht werden kann, wie kommt es dann, daß nicht jeder jeden Tag Qi Gong übt? In China tun es schon viele. Es wird geschätzt, daß rund 60 000 000 Chinesen regelmäßig Qi Gong praktizieren. Das ist mehr als die gesamte Bevölkerung Großbritanniens und ungefähr ein Viertel derjenigen der Vereinigten Staaten.

Ich hoffe, daß Ihnen deutlich geworden ist, daß es eine sehr große Bandbreite an Formen, Stilen und Anwendungen von Qi Gong gibt, von der Fitness-Pflege bis zur spirituellen Entwicklung. Obwohl es oft keine Übereinstimmung zwischen verschiedenen Lehrern, Traditionen und

Autoritäten gibt, so gibt es doch Merkmale, die alle Qi Gong-Formen teilen. Qi Gong benutzt Begriffe, Referenzen und Paradigmen, die uns im Westen unbekannt sind und für die wir keine Äquivalente oder passenden Übersetzungen haben. Um Qi Gong zu verstehen, muß man sich mit dieser Terminologie und diesen Konzepten vertraut machen. Korrekt ausgeführt erweckt Qi Gong in Ihnen ein dauerhaftes Wohlbefinden. Aber vergessen Sie eins nicht: Es muß richtig geübt werden. Es ist ratsam, in einer natürlichen, ruhigen, schönen oder inspirierenden Umgebung zu üben, am besten draußen – Sie können die Energie Ihrer Umgebung aufnehmen und sich damit erfrischen und regenerieren. Lernen Sie es, und machen Sie Qi Gong zum Bestandteil Ihres Lebens.

Übung eins
Das heilende Lächeln

Lernen Sie, Ihren inneren Organen zuzulächeln, Spannung zu entladen und Entspannung zu erzeugen.

Ziel

Die Übung ist eine Form von innerem, statischem, beruhigendem Nei Dan. Sie wirkt entspannend, harmonisiert die inneren Yin-Organe, beruhigt den Geist und stabilisiert den Stoffwechsel.

Übungsanleitung

1. Setzen Sie sich in einer bequemen Haltung auf einen Stuhl, beide Füße flach auf dem Boden, Knie schulterbreit auseinander, und entspannen Sie sich. Legen Sie Ihre Handflächen auf Ihrem Schoß zusammen, die rechte über die linke, um Ihr Qi zu versiegeln. Diese Übung kann auch im Liegen ausgeführt werden. In diesem Fall lassen Sie die Hände auf dem Bauch ruhen, soweit dies einfach möglich ist.
2. Schließen Sie Ihre Augen. Wenn Gedanken in Ihrem Geist auftauchen, lassen Sie sie einfach vorbeiziehen und bringen Ihre Aufmerksamkeit zum Inneren Ihres Körpers. Achten Sie darauf, wie Sie sich fühlen.

3. Finden Sie einen Gedanken, eine Erinnerung, ein Bild oder eine Situation, die Sie zum Lächeln bringt – ein warmes Lächeln, das Ihre Mundwinkel sanft nach oben zieht.
4. Lassen Sie die warme, sanfte, liebenswürdige Energie dieses Lächelns wachsen, und speichern Sie sie.
5. Ihre Energie folgt Ihrem Geist. Benutzen Sie ihn, um diese lächelnde Energie bis auf den Punkt auf Ihrer Stirn zwischen den Augen zu bringen (am sogenannten Dritten Auge), und geben Sie ihr die Erlaubnis, sich in diesem Punkt zu vermehren, so wie warmes Wasser langsam eine tiefe Schale füllt.
6. Verbinden Sie die Spitze Ihrer Zunge mit dem Gaumen, gerade hinter den oberen Zähnen. Dies erlaubt der Energie, durch Zunge und Kehle in Ihren Rumpf zu gelangen. Mit Hilfe Ihrer Vorstellungskraft können Sie jetzt Ihre Energie lenken und sie direkt ins Herz, in die Lungen, die Leber, die Nieren und die Milz schicken und sie dann im Bauchnabel sammeln. Wenn Sie die allgemeine Anatomie und die Loka-

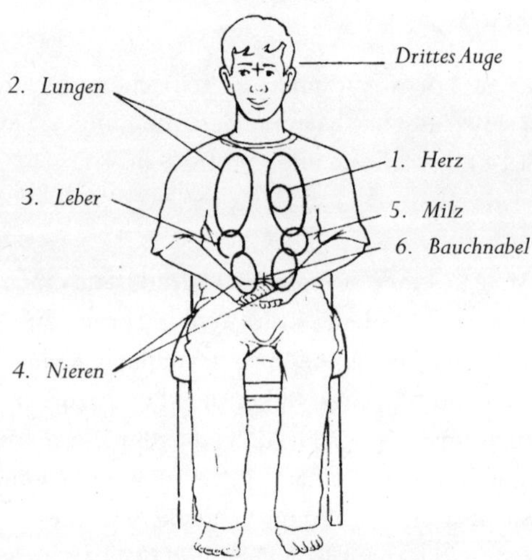

Abb. 2: Das Heilende Lächeln

lisation der Organe nicht genau kennen, werfen Sie einen Blick in ein Sachbuch, oder vertrauen Sie einfach Ihrem intuitiven inneren Wissen (Ihr Unbewußtes kennt Ihre innere Anatomie). Wenn Ihnen aus medizinischen Gründen ein Organ entfernt wurde, dann lächeln Sie in die Gegend, wo es sich normalerweise befindet, weil dort die Energie-Leitbahnen / die Meridiane liegen und all die entsprechenden Funktionen erfüllen. In jedes Organ können Sie die heilende Energie Ihres Lächelns, solange Sie wollen, ausstrahlen lassen; oder für eine bestimmte Anzahl von Atemzügen, oder bis Sie fühlen, daß das Organ gesättigt ist – die Dauer ist nur von Ihnen abhängig. Dies wird durch die Anleitung *›Halten Sie Ihr Qi dort‹* angegeben.

7. Schicken Sie diese warme, lächelnde, liebende Energie unter Lenkung Ihres Geistes zum Herzen. Den ganzen Tag arbeitet Ihr Herz ohne Ruhepause für Sie. Jetzt ist Gelegenheit, sich bei ihm zu bedanken und ihm Liebe und Aufmerksamkeit zu schenken. Füllen Sie Ihr Herz mit lächelnder Energie. Halten Sie sie dort, solange Sie wollen oder solange Sie ein Bedürfnis danach haben oder bis Sie fühlen, daß es genug ist.

8. Schicken Sie jetzt Ihre lächelnde Energie zu Ihren Lungen. Den ganzen Tag sind Ihre Lungen damit beschäftigt, Sie mit klarer, frischer Energie zu versorgen und alte, verbrauchte Energie aus Ihnen heraus abzugeben. Jetzt ist Gelegenheit, sich bei ihnen zu bedanken und sie zu würdigen. Schicken Sie ihnen viel Liebe und Aufmerksamkeit. Füllen Sie sie mit lächelnder Energie. Halten Sie Ihr Qi dort.

9. Schicken Sie dann Ihre warme, lächelnde, heilende Energie zu Ihrer Leber. Ihre Leber befindet sich unterhalb des Rippenbogens auf Ihrer rechten Seite und ist das größte Organ Ihres Körpers. Jeden Tag arbeitet Ihre Leber unaufhörlich für Sie. Sie haben jetzt die Möglichkeit, sich bei ihr für alles zu bedanken. Erlauben Sie Ihrer Leber, sich mit lächelnder, liebender Energie aufzufüllen. Halten Sie Ihr Qi dort.

10. Mit Ihrer Vorstellungskraft schicken Sie jetzt Ihre Energie zu Ihren Nieren. Ihre Nieren befinden sich auf halbem Wege zwischen dem unteren Rand Ihres Rippenbogens und dem oberen Rand Ihres Beckens, auf Taillenebene. Sie sind ungefähr so groß wie geballte Fäuste und befinden sich auf jeder Seite der Wirbelsäule, etwa ein Drittel auf dem Weg

vom Rücken zum Bauch. Jeden Tag und ohne Pause arbeiten Ihre Nieren für Sie. Benutzen Sie die Möglichkeit, sich bei ihnen erkenntlich zu zeigen und sie zu würdigen. Halten Sie Ihr Qi dort.

11. Schicken Sie nun Ihr warmes, sanftes Qi voller Liebe zu Ihrer Milz und Ihrer Bauchspeicheldrüse. Sie befinden sich auf der linken Seite Ihres Körpers gerade unterhalb des Rippenbogens, der Leber entgegengesetzt. Wie die anderen Organe arbeiten sie Tag für Tag für Sie. Lächeln Sie ihnen zu, und bedanken Sie sich bei ihnen. Halten Sie Ihr Qi dort.

12. Jetzt, als letztes, benutzen Sie Ihren Geist, um Ihr Qi zu Ihrem Bauchnabel zu schicken. Wenn es dort angekommen ist, lassen Sie das Lächeln Ihre Lippen verlassen, so daß sich Ihr Mund neutral und entspannt anfühlt, und bringen Sie diesen warmen Strom Ihrer lächelnden Energie durch all Ihre Organe – Herz, Lungen, Leber, Nieren und Milz / Bauchspeicheldrüse –, und lassen Sie ihn in einer kleiner werdenden Spiralbewegung langsam um den Nabel kreisen, bis er schließlich zur Ruhe kommt.

13. Männer sollten dann ihre linke Hand auf den Bauchnabel legen und sie mit der rechten bedecken. Frauen sollten ihre rechte Hand auf den Nabel legen und sie dann mit der linken bedecken. Bleiben Sie in dieser Haltung, und fühlen Sie die warme Energie an Ihrem Bauchnabel. Es ist Ihr Qi. Es befindet sich jetzt in Ihrem Zentrum. Konzentrieren Sie sich auf diese Empfindung und auf Ihre Erfahrungen in diesem Moment.

14. Schenken Sie Ihrem momentanen Befinden Aufmerksamkeit und finden Sie dafür ein Wort, einen Satz, ein Bild oder ein Symbol. Erinnern Sie sich daran: Sie besitzen einen direkten Schlüssel zu Ihrem Qi. Wenn Sie später an diesen Schlüssel denken, können Sie etwas von diesen entspannten Empfindungen wieder hervorrufen, die Sie im Lauf dieser Übung erfahren haben. Genau so kann er Ihnen später als Initialzündung bei weiteren Übungen helfen oder als Erfrischung mitten in Ihren Alltagsbeschäftigungen.

15. Entspannen Sie Ihre Hände, und lassen Sie sie eine bequeme Haltung einnehmen, öffnen Sie langsam Ihre Augen, ein Auge nach dem anderen, und kommen Sie vollständig wieder auf die Erde zurück.

Gerade haben Sie Ihren wichtigsten inneren Organen zugelächelt. Wir alle haben die Gewohnheit, unsere Liebe anderen Personen zu schenken – dieser einfache Prozeß ist ein Weg, wie Sie Ihre warme, sanfte, liebende Energie an sich selbst adressieren können. Es ist ein einfacher und praktischer Weg, wie Sie sich um sich kümmern und sich etwas Gutes tun können. Er befreit von Spannung und Stress und erzeugt eine tiefe Entspannung. Viele andere Wirkungen werden beschrieben: Das innere Lächeln beruhigt Ihre Emotionen, erfrischt Ihre Sinnesorgane und regeneriert vieles in den verschiedenen Gewebsschichten. Es hilft Ihnen, sich wohl zu fühlen.

Lernen Sie, es zu benutzen, wann immer Sie es brauchen oder Lust dazu haben. Es gehört zum Besten, was Sie für sich tun können: einfach lächeln!

2.
Die Geschichte des Qi Gong

Bevor wir zu anderen Einzelheiten des Qi Gong übergehen, ist es sinnvoll, uns geschichtliche und kulturelle Perspektiven anzuschauen. Um typische abendländische Kurzsichtigkeit oder Vorurteile zu vermeiden, die schnell entstehen, wenn man etwas so Ungewohntes oder so Fremdes beschreibt, zunächst ein Überblick über die Geschichte Chinas, des Daoismus und des Qi Gong.

Die Geschichte Chinas

Vor 221 v. Chr. war China in viele verschiedene Reiche geteilt, die von verschiedenen Dynastien regiert wurden. Überlieferungen berichten von dem legendären Königreich Xia bis 2000 v. Chr. Zwischen 1000 und 221 v. Chr. herrschte Feudalismus, der nach der Periode der sogenannten Kriegerischen Staaten sein Ende fand.
246 v. Chr. bestieg ein junger Mann namens Chao Cheng den Thron eines dieser kleinen Staaten. Ca. 221 v. Chr. hatte er allmählich die anderen Staaten erobert und ein geeinigtes Land gegründet. Er benutzte seinen Familiennamen und den Namen eines legendären Kaisers. Qin Shi Huang Di war der erste Kaiser von China. Er schaffte das feudalistische System ab, schuf eine allgemeine Verfassung und setzte die einheitliche Schriftsprache durch. Seine Regierung war drakonisch. Sie dauerte vierzehn Jahre, bis er – angeblich im Kampf gegen den König der Drachen – den Tod gefunden hat. Doch sein Einfluß war so groß gewesen, daß sein Familienname Qin die Basis für den Namen des Landes und seiner Einwohner blieb.
Ein zentraler Aspekt für die chinesische Geschichte hat mit der Natur der Schriftsprache zu tun. Sie ist piktographisch, das heißt, sie beruht

auf Bildern und Symbolen. Im Westen ist die Grundlage der Sprache phonetisch, sie beruht auf Klängen. Wir sprechen je nach Region etwas unterschiedlich aus, und so klingt auch unsere Sprache, je nach Ursprungsgegend oder -land: Dialekte und Aussprachen variieren mit der Zeit, so daß sich verschiedene Sprachen entwickeln. In China blieb die geschriebene Sprache immer die gleiche, so daß jemand an einem Ende des Landes die Schrift von jemandem aus dem anderen Ende perfekt lesen konnte, obwohl sie oft kein Wort voneinander verstanden, wenn sie direkt miteinander sprachen. Diese gemeinsame Schriftsprache erlaubte eine leichte Verbreitung von Information und Kommunikation.

Eine andere sehr bedeutungsvolle Tatsache ist die Erfindung des Papiers (105 n. Chr., 1200 Jahre vor dem Westen) und die Entwicklung des Druckverfahrens. Es wurden große Klassiker geschrieben, und diese Bücher wurden in einem kontinuierlichen Prozeß von Generation zu Generation weitergegeben. Währenddessen wurden Kommentare über diese Bücher (manchmal mehrere hundert Jahre später) und auch Kommentare über diese Kommentare geschrieben, so daß schließlich eine ununterbrochene geistige Tradition entstand. Einige diktatorische Kaiser ließen immer wieder Bücher verbrennen, wie überall auf der Welt, aber die Klassiker überlebten.

Während dieser Zeit, vergleichbar mit dem Goldenen Zeitalter des alten Griechenlands, schrieben viele der großen Denker Chinas, die ihre Kultur damals wie heute zutiefst beeinflussen: Lao Zi, Zhuang Zi, Lie Zi, Kong Fu Zi, um nur einige zu nennen. (Sie gehörten nicht der gleichen Familie an – Zi bedeutet einfach Meister.) Einige der wichtigsten Bücher der Menschheit waren geschrieben: das Yi Jing (das Buch der Wandlungen, ca. 1000 v. Chr., gilt als das älteste Buch der Menschheit), das Nei Jing (der Klassiker der Inneren Medizin), das Dao De Jing (das Buch des Weges und der Tugend). Viele dieser Klassiker haben keinen bekannten Autor und kein genau bekanntes Entstehungsdatum – ihre Ursprünge verlieren sich in Legenden und in der Vorgeschichte.

Nach dem Tod des ersten Kaisers entwickelte sich die Geschichte Chinas über die nächsten 1000 Jahre ungefähr dem Jojo-Prinzip entsprechend. Es wurde abwechselnd vereinigt, dann wieder in viele feudale Staaten

geteilt und dann wieder durch einen besonders energischen Kaiser vereinigt. Nach der Ersten Vereinigung von Qin entstanden viele kleine Dynastien, die mit der Ersten Teilung von 221 v. Chr. bis 265 n. Chr. endeten. Es folgten die Zweite Vereinigungsphase von 265 bis 479, die Zweite Teilungsphase von 479 bis 581, die Dritte Vereinigungsphase von 581 bis 906 und die Dritte Teilungsphase von 907 bis 1227. Während der letzten tausend Jahre ist China vereinigt geblieben, wenn auch unter verschiedenen Dynastien. Sie sollten das Werk des englischen Gelehrten Professor Joseph Needham studieren (Wissenschaft und Zivilisation in China), wenn Sie an einem faszinierenden und ausführlichen Bericht über alle diese bewegten Phasen Interesse haben.
Während seiner ganzen Geschichte war China von äußeren Einflüssen abgeschirmt. Ende des vorigen Jahrhunderts kam es zu einer Öffnung gen Westen, die zu gewissen Modernisierungen führte. Nach dem Zweiten Weltkrieg übernahmen die Kommunisten die Macht. Sie haben seitdem einen Staat errichtet, der Information und Erziehung streng kontrolliert. Eine sehr wichtige Tatsache, deren Bedeutung für uns wahrscheinlich nie ganz nachvollziehbar sein wird, ist, daß es auf dem Festland Chinas bisher nie eine Demokratie gegeben hat. In ihrer gesamten Geschichte haben die Chinesen nie gewählt! Der Einfluß der chinesischen Kultur hat sich weit über die Grenzen des Festlandes erstreckt, und viele Früchte der traditionellen Kultur, u. a. die Qi Gong-Praxis, sind in Taiwan, Hongkong und anderen Gebieten lebendig.
Für uns im Westen ist es wichtig, zu begreifen, daß sich unsere Weltsicht von der östlichen grundsätzlich unterscheidet. Die chinesische Sicht des Lebens beruht auf der Vorstellung von einem ständigen Fluß von Energie, von ständigen Veränderungen, während unsere eher statisch ist, auf der Beherrschung materieller Objekte beruht. Dieser Kontrast drückt sich in einem reduktionistischen, mechanistischen Modell und einem spirituellen, energetischen aus. Sehr große Unterschiede gibt es zwischen Ost und West in der Frage: Was ist ein menschliches Wesen? Diese Unterschiede sind der Grund, warum wir im Westen kein Äquivalent zum Qi Gong haben. Um dies noch besser einschätzen zu können, müssen wir uns die Geschichte des Daoismus ansehen.

Die Geschichte des Daoismus

Daoismus ist die Tradition, die mit den Wurzeln des Qi Gong am meisten zu tun hat. In China, wie in jeder anderen großen Zivilisation, entstanden vielerlei religiöse, spirituelle und politische Bewegungen; im Laufe der Geschichte entstanden verschiedene Schulen, die sich entfalteten, ihren Höhepunkt erreichten und schließlich wieder untergingen. Es waren die Konfuzianer, die Naturalisten, die Buddhisten, die Mohisten, die Logiker, die Legalisten und andere, die sich, jede zu ihrer Zeit, zur vollen Blüte entwickelten und dann wieder verschwanden. Obwohl es auch Formen von buddhistischem, konfuzianischem und tibetischem Qi Gong gibt, war der wichtigste Einfluß der der Daoisten.
Der Daoismus ist eine Naturphilosophie. Seine Erkenntnisgrundlage ist die Beobachtung der natürlichen und organischen Ordnung der Welt – von den planetarischen Bewegungen und dem Wandel der Jahreszeiten bis zu unseren Gefühlen und geistigen Funktionen. Die Daoisten können als frühe Wissenschaftler betrachtet werden. Sie beobachteten die Natur, verstanden ihre Wege und versuchten, in Übereinstimmung mit ihr zu handeln. Noch heute ist der Daoismus in China sehr lebendig. Dies spiegelt seine Unverwüstlichkeit wider, er paßt sich immer wieder neu den veränderten Bedingungen und Gegebenheiten an.

Lao Zi und das Dao De Jing

Der Daoismus ist eine Mischung aus verschiedenen Elementen. Der Name stammt aus dem Buch »Dao De Jing«, das Lao Zi zugesprochen und wahrscheinlich um das fünfte Jahrhundert v. Chr. geschrieben wurde. Es kann als »Das Buch des Weges der Tugend« wiedergegeben werden. Es wird gesagt, daß Lao Zi das Buch schrieb, nachdem er seine öffentlichen Ämter niedergelegt habe und bevor er »gen Sonnenuntergang auf seinem Ochsen davongeritten sei«. Es gibt keinen soliden Beweis dafür, daß Lao Zi wirklich gelebt hat. Trotzdem wurde der Name *›Daoismus‹* etwa 300 Jahre nach seinem Tode das erste Mal von seinen

Anhängern benutzt. Wenn Lao Zi tatsächlich gelebt hat, war er einer dieser spirituell hoch entwickelten Menschen, die die Natur der Dinge sehr tief verstehen – ein *›Weiser‹*. Dem Mythos zufolge war sein echter Name Li Er, Lao Zi bedeutet »Alter Meister«. Lao Zi gab nie eine Definition des Dao. Das Dao ist alles und gleichzeitig nichts. Es liegt jenseits der Fähigkeit der Sprache, es zu beschreiben. Es ist ein Bewußtseinszustand und eine Haltung dem Leben und den Lebewesen gegenüber.
Wir werden nie wissen, ob Lao Zi das Buch schrieb oder ob es ihm im Laufe mehrerer Jahrhunderte nur zugeschrieben wurde. Das Dao De Jing ist eine Sammlung von Gedanken und Belehrungen, in der oft paradoxe Aussagen benutzt wurden, um uns zum Nachdenken zu bringen. Es sind Informationsstücke, wie Sprichwörter, ohne eine eindeutige Beziehung oder Bedeutung zueinander – eine Sammlung von Einsichten und Weisheiten, die von einer besonderen Lebenshaltung zeugen. Der Text erforscht Begriffe wie Wissen, Zeit, Ursprung oder Sprache und Sinn, handelt vom Physischen und vom Nicht-Physischen und von dem Weg!

Zhuang Zi und Lie Zi

Zwei andere Hauptfiguren des Daoismus waren Zhuang Zi und Lie Zi. Zhuang Zi lebte zur Zeit der Könige Hui und Xuan von Qi während der Periode der Kriegerischen Staaten, von 370 bis 301 v. Chr. Er betrachtete den Weisen als einen Einsiedler, der Macht verabscheut und Autorität und gesellschaftliche Stellung als Illusionen und Gefahren ansieht. Er wollte den Geist von überkommenen Ideen und Verhaltensmustern befreien, mit Konventionen brechen und tiefer in die Natur der Dinge eindringen. Dies war sein Weg zur Freiheit.
Diese Idee von Freiheit machte sich eine wundervolle Gruppe von berauschten Poeten, die unter dem Namen »Die sieben Weisen des Bambuswäldchens« in die Geschichte eingegangen sind, zu eigen. Sie stellten Konventionen und Gepflogenheiten in Frage und benutzten Humor und Exzeß, um ihre Sicht des Lebens zu beleuchten. Wenn man den strengen Puritanismus der Konfuzianer dieser Zeit bedenkt, muß man sie sich un-

gefähr so vorstellen wie die Beat-Poeten der fünfziger Jahre, Jack Kerouac, Allen Ginsberg, Gregory Corso u. a. am Hof der Königin Viktoria!
Lie Zi wurde von Zhuang Zi als ein Weiser verehrt. Er war ein Einsiedler, der in der Wildnis weit weg von der Welt lebte. Das Buch, das seinen Namen trägt, stammt aus dem zweiten oder dritten Jahrhundert v. Chr. und enthält eine Sammlung von Geschichten, Witzen, Erzählungen, Legenden, praktischen Tips, Überlegungen und Notizen. Für Lie Zi ist das Dao der Ursprung und der Sinn des Lebens. Es ist alles und alles durchdringend: So führt das Verschmelzen mit dem Dao zur Einheit und Vollkommenheit allen Lebens. Lieh Zis Buch wurde als Handbuch zum Unsterblichkeitstraining benutzt, wobei die Übenden bescheiden anfangen und einen Schritt nach dem anderen tun müssen – ohne Fragen zu stellen und in geduldiger Beobachtung, Überlegung und Entwicklung. Lie Zi benutzte Geschichten, um anderen den Weg zu erklären.
Obwohl es viele daoistische Lehren gab, kann man die grundlegenden Merkmale des Daoismus wie folgt zusammenfassen:

1. Man glaubte an einen politischen Kollektivismus, einen demokratischen Staat mit sozialer Fürsorge.
2. Man interessierte sich für religiösen Mystizismus.
3. Ein sehr bedeutsamer Akzent wurde auf das individuelle Unsterblichkeitstraining gelegt.
4. Man entwickelte die Grundlagen für wissenschaftliche Beobachtungen mit besonderem Schwerpunkt auf der Natur.

Grundlegende Prinzipien

Der Daoismus beruht auf verschiedenen Prinzipien: Als erstes das Wu Wei, vielleicht am besten durch Nicht-Handeln oder Nicht-Einmischung übersetzt. Wu Wei ist die Kunst, so in Harmonie mit dem Dao zu sein, daß alles genau so geschieht, wie es geschehen soll. Wir kennen die Erfahrung, daß etwas genau richtig zu machen bedeutet, daß alles reibungslos läuft. Das ist Wu Wei.

Ein anderes Prinzip ist das der Wandlung. Wandlung ist die Essenz des Weges. Wir wissen, daß sich alles ständig verändert; aber daß es dafür grundlegende Prinzipien gibt, ist uns nicht unbedingt klar. Die Gesetze der Interaktion von Yin und Yang (s. S. 71 f.) beschreiben die Natur einer solchen Wandlung. Z. B.: Yin verwandelt sich in Yang und Yang in Yin. Die Prinzipien der Wandlung werden in dem großen Klassiker des chinesischen Denkens, dem *›Yi Jing: Das Buch der Wandlungen‹* dargestellt, das in vieler Hinsicht als die daoistische Bibel bezeichnet werden kann. Andere Prinzipien daoistischen Denkens sind Transformation, Relativität, Nachgeben, die insgesamt als *›Weg des Wassers‹* bezeichnet wurden. Wasser ist das Hauptsymbol der Daoisten – es fließt, es füllt alle leeren Räume, ist unbezwingbar und findet immer den einfachsten Weg. Die Daoisten wollten die natürliche Ordnung aller Dinge verstehen, und sie bemühten sich, in Übereinstimmung mit ihr zu leben.
Die Daoisten glaubten an magische Kräfte und an die Existenz von anderen Ebenen, die mit unserem normalen Bewußtsein nicht wahrnehmbar sind. Für die Daoisten existierten die Unsterblichen, Hsien. Sie verkörperten die Idee eines vollkommenen Menschen, der nie stirbt, der von nichts anderem als Luft lebt und der reisen kann, wohin er will, auch in den Himmel. Viele Kaiser suchten nach dem Elixier des Lebens und der Unsterblichkeit. Es ist Teil der schamanistischen Weltanschauung, daß andere Realitätsebenen mit unserer interagieren. Die Schamanen sprechen von zwei Welten – der materiellen und der spirituellen –, und sie sehen sich selbst als Brücke zwischen Himmel und Erde. Der Glaube an magische Kräfte ist nicht nur für die chinesische Kultur typisch, er ist überall zu finden.
Für die Daoisten ist das Dao der Urgrund aller Dinge. Im 42. Kapitel des *Dao De Jing* heißt es:

Das Dao ist der Ursprung des Einen,
das Eine erschaffte die Zwei,
die Zwei gestaltete die Drei.
Aus der Drei entstanden alle Lebensformen.

Aus dem Dao entsteht der Ursprung; Yin und Yang; Himmel, Erde und Mensch; und daher alle Formen der Existenz.

»Reiner« Daoismus und Volks-Daoismus

Der Volks-Daoismus ist keine Entartung des reinen Daoismus, weil es nie einen reinen Daoismus gab. Der Daoismus ist eine Strömung aus der Religion der einfachen Leute. Viele Traditionen und Schulen mit eigenen Tempeln und Priestern entwickelten sich im Laufe der Zeit. Die legendären heiligen Figuren sind die Acht Unsterblichen, die die Archetypen der menschlichen Natur verkörpern. Es gab einen daoistischen »Papst«. Es gab daoistische Höllen. Es gibt einen daoistischen Kanon, eine Sammlung der grundlegenden Schriften über jeden Aspekt des Lebens. Es gibt folkloristische Geschichten und Legenden wie »Die Sieben Daoistischen Meister«, »Reise in den Westen«, »Liebesroman der drei Königreiche«, die jeder kennt wie wir unsere Märchen.
Aber über all diesem stand das Ziel, das Dao zu erlangen, einen Seinszustand, in dem man das Dao versteht, verkörpert und in ihm lebt.

Die Geschichte des Qi Gong

Die Praxis des Qi Gong ist älter als die Schrift. Eine der ersten Quellen erzählt von einem Herrscher namens Dao Tang. Meister Lü behauptet in seiner Auslegung der Annalen des Frühlings und des Herbstes: »Vor langer langer Zeit wurde das Tanzen zur Förderung von Qi und Blut benutzt.« Während einer Periode katastrophaler Überflutungen gab es Feuchtigkeit im Übermaß, die *›Stauungen der Körpersäfte‹* verursachte. Dies brachte Rheuma und Anspannungen der Sehnen und Muskeln, weil Qi und Blut blockiert waren und andere ähnliche Probleme auftraten. In dieser Situation wurden Tanzübungen zur Behebung der Stauungen entwickelt, die sich nach und nach in physikalische und Atemtherapien differenzierten.

Der Klassiker des Gelben Kaisers zur Inneren Medizin / Huang Di Nei Ching ist der älteste noch erhaltene medizinische Text, geschrieben in der Periode der Kämpfenden Staaten, die 221 v. Chr. endete. Das Nei Jing erläutert Qi Gong-Prinzipien, Übungsmethoden und Wirkungen. In mehreren Kapiteln werden die Ursprünge, Anwendungen, Erklärungen und Theorien des Qi Gong beschrieben. Und schon hier geht es darum, wie man seinen Geist von Sorgen befreit, seine Gedanken und seinen Atem kontrolliert und sammelt, seine Muskeln tonisiert, wie man seinen Speichel schluckt, um Qi zu speichern, und wie man die verschiedenen Kräfte seines Körpers in Schwung bringen kann. Eine Bemerkung über die Atemtechnik lautet: »Wenn jemand sich absolut wohl fühlt, frei von Wünschen und Ehrgeiz, dann wird seine eigene Energie in Fluß und sein Geist gesammelt sein. Wie könnte dann Krankheit sein Wesen befallen?« Und weiter: »Atmen Sie das essentielle Qi ein und aus, konzentrieren Sie die Seele, um einen klaren Geist zu behalten und Muskeln und Fleisch zu vereinigen.«
Lao Zi empfiehlt Methoden zum Schutz der Gesundheit durch Regulierung der Atmung und durch »Blasen und Pusten«. Zhuang Zi sagt: »Ein- und Ausatmen helfen einem, das Verbrauchte loszuwerden und das Neue zu empfangen. Sich wie ein Bär bewegen und sich wie ein Vogel entfalten zu können, dies führt zur Langlebigkeit.« Und: »Die wahren Menschen atmeten durch ihre Fersen.« Das ist nicht rhetorisch gemeint, sondern als Hinweis darauf, daß diese Atemtechnik zu jener Zeit zur Förderung des Qi-Kreislaufs benutzt wurde.
Qi Gong-Anleitungen wurden auf einer Reliquie von 380 v. Chr. gefunden, bekannt als die Inschriften des Jade-Anhängers über die Lenkung des Qi. Die Inschriften sind auf einem zwölfseitigen Zylinder eingraviert und zeigen fünfundvierzig Schriftzeichen mit folgendem Text:

> »Um dem Qi zu einem freien Fluß zu verhelfen, muß man sanft und stabil sein. Auf diese Weise kann das Qi gesammelt, im Körper ausgedehnt und vermehrt werden, damit es zum Himmel (zum Kopf) gelangt. Wenn Sie an diesem Prinzip festhalten, werden Sie ein langes Leben haben.«

Oder, in einer anderen Übersetzung:

> »Förderung und Lenkung des Qi versprechen tiefe Speicherung, Speicherung verspricht Ausdehnung, Ausdehnung verspricht Senkung, Senkung verspricht Stabilität, Stabilität verspricht Festigkeit, Festigkeit verspricht Keimung, Keimung verspricht Wachstum, Wachstum verspricht Rückzug, Rückzug führt zum Himmel. Das himmlische Qi funktioniert von oben, das irdische Qi von unten. Übereinstimmung bringt Leben, Gegensatz bringt den Tod.«

Hier werden nicht nur die Übungsanweisungen für den Kleinen Himmlischen Kreislauf / die Mikrokosmische Umlaufbahn, sondern auch die Prinzipien zur Gesundheitserhaltung im Qi Gong dargestellt.
Während Grabarbeiten wurde 1973 eine seidene Rolle bzw. ein Buch zutage gebracht, die aus der frühen westlichen Han-Dynastie (206 v. Chr.–8 n. Chr.) stammt. Sie enthält zwei Kapitel über Qi Gong.

1. Das erste Kapitel beschreibt unter der Überschrift »Ernährung durch die Luft anstelle von Nahrung« Krankheiten, die mit Hilfe von Atem- und Qi-Lenkung behandelt werden.
2. Das zweite Kapitel ist eine Tafel des Dao Yin – vierundvierzig farbige Zeichnungen von Körperbewegungen mit Beschriftungen, unter anderem:
(a) Bezeichnungen von Krankheiten oder Symptomen wie Knieschmerzen, Arthritis, Taubheit und Erregbarkeit,
(b) Zeichnungen von Menschen, die verschiedene Tierfiguren, die Bären, Affen, Wölfe, Kraniche, Drachen und Falken nachahmen – zur Erhöhung der Geschmeidigkeit,
(c) Zeichnungen von kombinierten Atem- und Gelenkbewegungen,
(d) Zeichnungen zur Darstellung der Kombination von Bewegung und Ruhe – das Qi wird in diesem Fall durch eine Koordinierung von Atmung, Gedanken, Gelenkbewegungen und Lauten mobilisiert.

Die Komplexität und Klarheit dieses Dokuments belegt, daß Qi Gong schon vor der Han Dynastie Teil des Gesundheitssystems war und daß in China auch Illustrationen benutzt wurden, um Qi Gong zu unterrichten.

Die klassischen Formen des Qi Gong

Bücher über Qi Gong sind durch die gesamte Geschichte Chinas nachweisbar. Heute sind folgende Formen verbreitet:

Das Spiel der Fünf Tiere

Hua Tuo, der Leonardo da Vinci der chinesischen Medizin, erdachte das Spiel der fünf Tiere (Wu Qin Xi) im zweiten Jahrhundert n. Chr. Es ist die älteste systematische Aufzeichnung. Diese Übungen wirken wie Pantomimen der Bewegungen des Tigers, des Hirsches, des Bären, des Affen und des Kranichs. Es gibt viele, viele Varianten des Wu Qin Xi, die von verschiedenen Lehrern und Familien über viele Generationen entwickelt wurden und heute in der ganzen Welt praktiziert werden.

Der Klassiker der Stärkung von Muskeln und Sehnen und der Klassiker des Waschens des Rückenmarks

Während der Liang-Dynastie (502–557 n. Chr.) lud der Kaiser den buddhistischen Mönch Da Mo (Bodhidharma), einen ehemaligen Prinzen, aus Indien ein, um den Buddhismus in China bekannt zu machen. Da Mo mußte feststellen, daß seine Lehre dem Kaiser mißfiel, und so zog er sich in das Shaolin-Kloster zurück. Er erschrak über die Schwäche und den Gesundheitszustand der Mönche und beschloß, neun Jahre über Lösungen zu meditieren. Das Ergebnis sind zwei Werke: das Yi Jin Jing oder ›*Klassiker der Stärkung von Muskeln und Sehnen*‹

und das Yi Sui Jing oder *›Klassiker des Waschens des Rückenmarks‹*. Da Mo zeigte den Mönchen, wie sie ihre Körper mit einfachen Übungen stärken und damit ihre Gesundheit verbessern konnten.
Der Klassiker des Waschens des Rückenmarks brachte ihnen bei, wie sie Qi sowohl zur Reinigung des Rückenmarks, zur Stärkung des Blutes und der Abwehrkräfte als auch zum Beleben des Gehirns und letztendlich zum Erlangen von Erleuchtung einsetzen konnten. Diese Gesundheitsübungen wurden in schon bestehende Kampfkunstformen integriert, was die Wirksamkeit beider Techniken erhöhte und das Shaolin-Kloster berühmt machte.

Die Sechs Heilenden Laute

Sun Si Miao, der während der Tang-Dynastie lebte, schrieb im »Lied der Hygiene«: »Atemübungen machen die Sicht klar im Frühling, kräftigen das Herz im Sommer, beleben die Lungen im Herbst wieder und tonisieren die Nieren im Winter. Regelmäßige Atemübungen vertreiben unheilvolles Fieber und verbessern die Verdauungsfunktionen.« Er beschrieb als erster die Methode der »Sechs Heilenden Laute«, die mittlerweile in unzähligen Variationen gelehrt wird. Es handelt sich bei diesen Übungen um die Verbindung von Lauten und Haltungen zur Ableitung negativer / unreiner Energien aus dem Körper.

Taiji Quan

Nicht lange nachdem man im Shaolin-Kloster während der Song-Dynastie angefangen hatte, Qi Gong-Übungen zu praktizieren, so wird berichtet, entwickelte Zhang San Feng die als Taiji Quan bekannte Form. Sie verbindet NeiDan-Qi Gong (Inneres Elixier) mit Bewegungen, während Shaolin das Wai Dan-Qi Gong betont (Externes Elixier).

Marschall Yeuh wird der Entwurf mehrerer innerer Qi Gong-Arten und Kampfkünste während der Südlichen Song-Dynastie (1127–1279 n. Chr.) zugeschrieben. Es wird angenommen, daß er »Die Acht Brokat-Übungen« aufzeichnete – eine Reihe von Übungen, die den ganzen Körper beanspruchen –, um seine Soldaten bei guter Gesundheit zu halten. Er soll auch den inneren Kampfkunststil namens Xing Yi begründet haben.

Spontanes Qi Gong

Ungelenkte, spontane Bewegungen bilden einen wichtigen Bereich des Qi Gong. Sie erlauben dem Körper, seinem spontanen Ausdruck zu folgen: Dehnung, Drehung, Schütteln, Beugung, Sprung. Man läßt den Körper sich bewegen, wie es sich in jedem Moment anbietet, und ihn so sein eigenes Gleichgewicht finden. Die Bewegungen im spontanen Qi Gong werden als Ausdruck der Energien des Herzens, der Milz, der Lungen, der Nieren und der Leber gewertet, und sie werden üblicherweise mit den Tierarchetypen Vogel, Affe, Tiger, Bär und Hirsch in Verbindung gesetzt. Es gibt zwei aktuelle westliche Entsprechungen dieses spontanen Qi Gong: Bioenergetik und Dynamische Meditation.

Lu Lu Dao Yin

Dies ist eine Form des Qi Gong, die in Verbindung mit Musik ausgeführt wird. Der Körper soll sich darin in ungelenkten, spontanen Bewegungen äußern. Lu Lu Dao Yin weckt ein starkes Empfinden von Qi / Energie. Verschiedene Musikstile können dabei benutzt werden, je nach den jeweiligen Zielen: zur Stimulierung, Beruhigung, Stärkung oder zur Entladung. Lu Lu Dao Yin ist eine der ältesten Formen von Qi Gong. Am besten kann man sie als »Natürlichen Tanz« bezeichnen.

Medizinisches Qi Gong

In der chinesischen Medizin ist Qi Gong als gesundheitserhaltende Maßnahme von großer Bedeutung.
Zhang Zhong Jing war ein hervorragender Arzt der Han-Dynastie. Er schrieb die »Abhandlung über fiebrige und mannigfaltige Krankheiten« und eine »Zusammenfassung der Rezepte der Goldenen Kammer« (Jin Gui Yao Lue). In einem der Texte steht folgendes: »Sobald die Glieder sich schwer oder träge anfühlen, greifen Sie zu solchen Heilmethoden wie Dao Yin, Tu Na (Ausatmen und Einatmen), Akupunktur und Massage durch Einreiben mit Salbe, um zu gewährleisten, daß die Öffnungen sich schließen.«
Ge Hong empfahl, die Methoden des Dao Yin abwechslungsreich zu gestalten. In seinem Buch »Innere Abhandlungen des Bao Pu Zi« schreibt er: »Geschmeidigkeit oder Dehnung, Beugung oder Aufrichtung, Gehen oder Liegen, Sich-Anlehnen oder Stehen, Rennen oder Bummeln, Singen oder Atmen, alles sind Methoden des Dao Yin.« Er glaubte, daß »die Funktion des Qi Gong die Heilung noch nicht ausgebrochener Krankheiten sei und so disharmonisches Qi entladen werden könne«. Ge Hong schrieb Kommentare zur Ein- und Ausatmung, um »das Qi zu lenken« zum Zweck der »Gesundheitserhaltung im Inneren und der Ausmerzung pathogener Einflüsse von außen«.
Während der Song-Dynastie (1130–1200 n. Chr.) schrieb Zhu Xi die »Maxime der Atemübungen«. Darin heißt es: »Konzentrieren Sie den Geist auf die Nasenspitze. Entspannen Sie alle Körperteile. Atmen Sie am Ende einer extremen Ruhe wie ein schwimmender Fisch im Frühling aus und wie ein überwinternder Wurm.«
In der Ming-Dynastie (1518–1593 n. Chr.) schrieb Li Shi Zhen in seinem Buch *›Studien über die Acht Sondermeridiane‹*: »Die innere Szene und die Gefäße können nur von denen klar und deutlich gesehen werden, die nach innen schauen können.« Und: »Änderungen in den Gefäßen und ihren Verzweigungen können dadurch wahrgenommen werden, daß man die physiologischen Reaktionen während des Stillen Qi Gong feststellt.« Er unterstrich in seinem *›Handbuch zur Akupunktur und Moxibu-*

stion‹, daß Studenten dieser Techniken als erstes das Sitzen-in-der-Stille praktizieren sollten, damit für sie »der Kreislauf von Qi und Blut im menschlichen Körper und das Öffnen und Schließen der funktionalen Tätigkeiten des Qi eine nachvollziehbare Basis haben«. Um zur heutigen Zeit zurückzukehren: In der ersten Hälfte dieses Jahrhunderts wurde die traditionelle Medizin im Zuge des Modernisierungseifers und des Bestrebens, alles dem Westen gleichzutun, weitgehend vom Festland verbannt. Als Mao Ze Dong in den vierziger Jahren an die Macht kam, erkannte er jedoch den unschätzbaren Wert des traditionellen Wissens und beauftragte Beamte, die *›Fundgrube der Schätze‹* zu erforschen. Anfang der fünfziger Jahre wurde mit der Qi Gong-Forschung begonnen, unterbrochen von der Kulturrevolution (1966 bis 1976). In dieser Zeit galten Qi Gong und andere traditionelle Praktiken als ungesetzlich. Seit den siebziger Jahren läßt die Regierung die Wirkungsweisen des Qi Gong wieder erforschen. Qi Gong-Meister erzielten bewundernswerte Heilerfolge im medizinischen Bereich. Die erstaunlichsten Berichte stammen aus wissenschaftlichen Studien über Krebsheilungen.

Die Hauptinteressen der Behörden der Volksrepublik liegen darin, die Wirkungsweisen des Qi Gong zu erforschen und Kriterien für echte Meisterschaft zu entwickeln. Heute bieten in China viele Krankenhäuser und Kliniken Qi Gong-Behandlungen an, die im klinischen Rahmen und durch Praktiker in weißen Kitteln angeboten werden.

Neben diesen Anwendungsmöglichkeiten im Heilbereich spiegelt Qi Gong eine Wiederentdeckung der spirituellen Wurzeln des Daoismus unter den einfachen Leuten wider, was die Autorität der Regierung herausfordert. Während früher in den Parkanlagen jeder Qi Gong unterrichten durfte, ist heute eine Genehmigung durch die zuständige Behörde im voraus zu beantragen. Aber der Daoismus und mit ihm das Qi Gong geht aufgrund seiner Natur stets Wege, die sich nicht im Widerstand verzehren.

Qi Gong im Westen – transkultureller Transfer

Es gibt zwischen Ost und West aufgrund der unterschiedlichen Kultur oft Mißverständnisse und Probleme. In der Akupunktur z. B. hat es in den letzten 25 Jahren Verwirrungen und Konflikte bezüglich der jeweiligen Rollen und Positionen der verschiedenen Stile und Überlieferungen gegeben. Dieser Vergleich ist für das Qi Gong von Belang, weil sich die Akupunktur bei uns so weit verbreitet hat, wie es auch für das Qi Gong wahrscheinlich ist. Von Anfang an hat es in der Akupunktur viele verschiedene Stile gegeben. Westliche Studenten, die in den fünfziger Jahren nach China gereist sind, haben dort von einem bestimmten Lehrer einen bestimmten Stil gelernt, während andere zu anderen Lehrern oder in andere Länder gegangen sind und dabei ganz andere Lernerfahrungen gemacht haben. Außerdem kamen Lehrer in den Westen und brachten ihre speziellen Traditionen mit. Dies wurde dadurch noch komplizierter, daß die Akupunktur nach der kommunistischen Revolution von 1947 grundlegende Veränderungen auf dem Festland Chinas erlebte. Alles, was seitdem als offizielle Auslegung vorgelegt wird, muß man als durch die aktuelle Regierung geprägt und gefiltert betrachten. Die gängigen Fach- und Handbücher über Akupunktur von offiziellen chinesischen Einrichtungen müssen als »Akupunktur der nachkommunistischen Ära« und nicht als Klassische Taoistische Akupunktur verstanden werden.

Das beste Beispiel für den Wissenskorpus und die innere Haltung, die den führenden Stil in den USA heute repräsentieren und die die Basis des Nationalen Examens im Fach Akupunktur bilden (und daher auch die legale Basis für die Ausübung dieser Heilkunde), ist als Traditionelle Chinesische Medizin (T. C. M.) bekannt. Dieser Begriff T. C. M. stammt aus den fünfziger Jahren. Als Mao Ze Dong den Reichtum der *›Fundgrube der Schätze‹* erkannte und ankündigte, daß dieser Reichtum mit der ganzen Welt geteilt werden sollte, beschlossen die offiziellen Stellen der kommunistischen Regierung, der chinesischen Medizin und insbesondere der Akupunktur, die in der Medizin weltweit eine einzigartige Position einnimmt, Anerkennung zu verschaffen, speziell bei der Weltgesundheitsorganisation (WHO). Man fing an, das Wissen zu sammeln, das mit dem dialektischen Materialismus / Kommunismus kompatibel war. Ausgelassen, ignoriert oder unberücksichtigt blieb, was mit dem Nichtphysischen, der Spiritualität und den alten Traditionen zu tun hatte, Daoismus inbegriffen. Sie verleugneten ihr eigenes spirituelles Erbe. Diese Ausgrenzung hat eine tiefgreifende Verwirrung im Bereich der Akupunktur verursacht, die erst jetzt erkannt und bearbeitet wird. Hoffen wir, daß dies beim Qi Gong vermieden werden kann.

Eine ähnliche Haltung ist im Bereich der Kampfkünste zu beobachten, wie es jeder, der sich in einem besonderen Stil geübt hat, bezeugen kann. Der Grad der Konkurrenz und die Intensität der Rivalität zwischen verschiedenen Lehrern und verschiedenen Stilen ist erschreckend. Die Energie, die investiert wird, andere Lehrer oder Stile zu verleumden, ist mit feindlichen sektiererischen Kreuzzügen aus der langen Geschichte des Feudalismus vergleichbar. Wir könnten die Rivalen auch mit gegnerischen Fußballmannschaften oder verfeindeten Gemeinderäten in unserer heutigen westlichen Gesellschaft vergleichen.

All diese Mißverständnisse könnten dem Qi Gong auch blühen. Nur weil ein besonderer Lehrer ein Buch oder eine Reihe von Büchern herausgibt, heißt das noch lange nicht, daß er allein alles repräsentiert. Nur weil im heutigen China ein offiziell anerkanntes Handbuch herausgegeben wird, heißt das noch lange nicht, daß es das unverfälschte bzw. komplette Wissen wiedergibt. Es wäre wirklich nützlich, dieser Art von Mißverständnissen und Konflikten vorzubeugen, die im Westen während der letzten 25 Jahre an der Seele der Akupunktur und der Kampfkünste genagt haben und tiefgreifende Verwirrung für eine ganze Generation geschaffen haben. Ich hoffe, daß dieser Text einen Beitrag zur Entwicklung des Qi Gong im Westen leisten wird – durch Beschreibung des Spielbrettes, der Figuren darauf und des Verständnisses ihrer jeweiligen Bewegungsarten.

Alle bemerkenswerten Ergebnisse und Veränderungen, die durch Qi Gong hervorgerufen werden, ereignen sich durch Einwirkung auf energetische Strukturen und Funktionen des Körpers und geschehen nach unveränderbaren Gesetzen und Regeln. Diese Strukturen sind das

Meridiansystem und seine spezifische Anatomie und Physiologie und die verschiedenen Gesetze der chinesischen Philosophie und Medizin. Für ein besseres praktisches Verständnis des Qi Gong ist es nötig, diese Systeme und Prinzipien in ihre Einzelteile zu zerlegen.

Übung zwei
Die Energie-Dusche

Nehmen Sie äußeres Qi in sich auf, und benutzen Sie es zur Erfrischung und Klärung Ihrer negativen Energien.

Ziel

Eine externe, dynamische Wai Dan-Form. Es ist eine Übung zur Klärung der Energie in den Hauptmeridianen, den vorderen, mittleren und hinteren Gefäßen, um diese für weitere Übungen vorzubereiten und frisches Qi von außen in den Körper aufzunehmen.

Übungsanleitung

A) *Klärung des Vorderen Gefäßes*

1. Stehen Sie mit den Füßen schulterbreit, parallel zueinander und Fußsohlen flach auf dem Boden. Entspannen Sie Ihre Schultern, und lassen Sie Ihre Arme in einer natürlichen Haltung hängen. Ihr Geist sollte klar sein, und Sie sollten langsam und regelmäßig atmen. Wenn nötig oder erwünscht, kann diese Übung im Sitzen ausgeführt werden; in diesem Fall ist es am günstigsten, ein bißchen vorzurücken und gerade zu sitzen. Sacken Sie nicht in sich zusammen, weil es sonst zu Hemmungen oder Blockaden des Qi kommt.
2. Heben Sie langsam Ihre Arme seitlich hoch bis über den Scheitelpunkt des Kopfes; die Ellenbogen sind leicht gebeugt, so daß die Arme fast einen Kreis bilden. Atmen Sie ein, während Sie Ihre Arme nach oben bewegen. Heben Sie den Kopf an, und schauen Sie zwischen den Händen hindurch. Orientieren Sie Ihre Handgelenke so, daß Ihre Handflächen waagerecht den Himmel tragen. Atmen Sie aus.

3. Wenn Sie wieder einatmen, saugen Sie das frische Qi der Sonne, des Mondlichtes und aller Himmelsebenen (von oberhalb der Wolken, falls der Himmel nicht frei ist) ein, und sammeln Sie dieses Qi in Ihren Handflächen. Wie Lungen mit Sauerstoff sollen sich Ihre Hände mit dieser frischen und reinen Energie vollsaugen. Spüren Sie diese Ansammlung von Qi. Wenn Sie ausatmen, bewahren Sie Ihr Qi, indem Sie Ihre Energie mit Hilfe Ihrer Vorstellungskraft in Ihren Händen festhalten. Lassen Sie Ihre Füße flach und verwurzelt auf dem Boden. In dieser Haltung stehen Sie zwischen Himmel und Erde. Die Energie in Ihren Händen kann dann nach innen reflektiert werden. In dieser Übung werden Sie diesen Energiestrahl je nach Orientierung Ihrer Handflächen benutzen, mit Unterstützung Ihrer Vorstellungskraft, um die negative Energie Ihres Systems zu reinigen.

4. Schauen Sie nach vorn; Ihr Kopf ist waagerecht. Ihre Augen können offen, halb-geschlossen oder geschlossen bleiben – je nachdem, wie es für Sie bequem, wünschenswert oder effektiv ist. Drehen Sie langsam Ihre Handflächen, so daß sie zu Ihrem Kopf hin nach unten strahlen. Dieser Strahl sollte am besten zum Scheitelpunkt des Kopfes gerichtet werden, zum Bai Hui-Punkt / dem ›*Treffpunkt der Hundert Punkte*‹, einem der wichtigsten Qi Gong-Punkte. Benutzen Sie Ihren Geist und Ihren Willen und strahlen Sie die Energie, die Sie in Ihren Händen gesammelt haben, auf diesen Punkt am Scheitel des Kopfes aus.

5. Halten Sie diese Position eine Weile. Fühlen Sie das Qi. Jetzt, beim langsamen Ausatmen durch den Mund, senken Sie Ihre Hände bis vor die Brust ab – die Handflächen sind nach unten gerichtet und die Fingerspitzen etwa 7,5 bis 15 cm voneinander entfernt – als ob die Hände auf der Oberfläche eines großen Balles ruhen würden, den sie langsam zum Boden hin drücken. Betrachten Sie diese Handbewegung als ein Streichen über Ihr Energiegefäß (das Konzeptionsgefäß) von oben am Kopf bis zum untersten Bereich des Rumpfes, zum Perineum oder Damm zwischen den Beinen. Lassen Sie dann Ihre Hände an Ihren Seiten zur Ruhe kommen und setzen das Streichen im Geiste fort, auf der Vorderseite der Beine bis zu den Füßen und durch die Fußsohlen in die Erde hinein.

Abb. 3: Die Energie-Dusche

6. Wenn Sie in der Vorstellung die Fußsohlen erreicht haben, setzen Sie die Bewegung in die Erde hinein fort, damit Ihr negatives Qi mindestens einen Meter unter Ihren Füßen liegt, außerhalb Ihres Energiefeldes. Diese Prozedur mag am Anfang ein bißchen langwierig erscheinen, aber man kann sie nach ein bißchen Übung in einem einzigen langsamen Atemzug ausführen. (Wenn Sie in einem Gebäude üben und sich oberhalb von anderen bewohnten Stockwerken befinden, machen Sie sich keine Sorgen: sobald Ihr negatives Qi außerhalb Ihres individuellen Feldes angelangt ist, wird es sich in der Atmosphäre wie ein Tropfen Wasser im Ozean verteilen, ohne Schäden für Ihre Umwelt.)
7. Wiederholen Sie die Übung noch zweimal.

B) *Klärung des Mittleren Gefäßes*
8. Wiederholen Sie 1, 2, 3 und 4. Es sind die vorbereitenden Bewegungen: Sie enden mit den Händen über dem Kopf. Diese sind mit himmlischem Qi geladen, das sie in Richtung Scheitelpunkt des Kopfes ausstrahlen.
9. Halten Sie diese Position eine Weile. Jetzt, während Sie langsam

ausatmen, bringen Sie Ihre Hände nach unten, Handflächen waagerecht und Finger nach vorn gerichtet, aber diesmal seitlich vom Körper. Stellen Sie sich vor, daß Sie einen noch größeren Ball nach unten drücken. Stellen Sie sich vor, Ihre Handflächen würden durchs Innere, den Kern Ihres Rumpfes, nach unten streichen, genau mittig vor der Wirbelsäule, vom höchsten Punkt des Kopfes bis zum Damm (entlang des durchdringenden Gefäßes). Sehen Sie, wie die Energie in Ihren Handflächen die negative Energie Ihrer Rumpf-»Achse« heraussaugt und reinigt. Sobald Ihre Hände den Beckenboden erreicht haben, wo sie nicht mehr weiter nach unten können, fahren Sie im Geist durch das Innere Ihrer Beine fort und durch die Fußsohlen heraus.

10. Unterhalb der Fußsohlen dringen Sie in Ihrer Vorstellung weit in die Erde hinein und drücken all Ihr negatives Qi einen Meter tief, bis unter die äußere Grenze Ihres Energiefeldes. Lassen Sie dann Ihre Hände, Ihren Körper und Ihren Geist entspannen.

11. Wiederholen Sie diese Übung noch mindestens zweimal.

C) *Klärung des Rückwärtigen Gefäßes*

12. Wiederholen Sie 1, 2, 3 und 4 wie vorher. Diese vorbereitenden Übungen enden wieder mit den Handflächen über dem Kopf, nach unten gerichtet, geladen mit frischem, sauberem himmlischem Qi, das sie zum Scheitelpunkt ausstrahlen.

13. Halten Sie diese Position einen Moment, und »erspüren« Sie ihre Wirkung. Lassen Sie diese Empfindung durchdringen. Atmen Sie langsam ein und aus, und genießen Sie es.

14. Atmen Sie l a n g s a m aus, und lassen Sie wieder Ihre Hände nach unten gleiten, Handflächen immer noch zum Boden gerichtet, aber dieses Mal mit breit nach hinten geöffneten Schultern. Wenn Sie die Hände jetzt nach unten bringen, befinden sie sich auf den Seiten Ihres Kopfes und Ihres Rumpfes, diesmal mit den Fingerspitzen zueinander gerichtet. Ihre Hände streichen an den Seiten hinunter. Währenddessen winkeln Sie Ihre Hände so ab, daß Sie mit ihnen und mit Hilfe Ihrer Vorstellungskraft den Energiestrahl an der Mittellinie Ihres Kopfes und Rückens hinunter bewegen (diese Linie nennt man Lenkergefäß).

Bringen Sie sie langsam nach unten, so als ob Sie all Ihr negatives Qi aus diesem Gefäß in der mittleren Achse der Wirbelsäule herausstreichen und reinigen würden. Fahren Sie bis zum Perineum fort, und gehen Sie im Geist weiter an der hinteren Seite Ihrer Beine hinunter und durch Ihre Fußsohlen.

15. Wenn Sie die Fußsohlen erreicht haben, gehen Sie weiter in die Erde hinein, mindestens einen Meter tief, unter die untere Grenze Ihres Energiefeldes.

16. Lassen Sie Ihre Hände, Arme, Körper und Geist entspannen. Nehmen Sie sich einige Momente Zeit, diese Empfindungen und Gefühle zu genießen.

17. Wiederholen Sie diese Übung noch mindestens zweimal. Am Ende dieser ganzen Sequenz, die Sie schnell oder langsam ausführen können, je nachdem, wieviel Zeit Sie zur Verfügung haben, oder je nach der Aufmerksamkeit, die Sie investieren wollen, werden Sie bis zu einem gewissen Grade die negative Energie Ihres Systems geklärt haben, die wir alle im normalen Leben ansammeln. Es ist immer eine wunderschöne Übung. Wenn Sie diese winzige Investition an Zeit und Anstrengung auf sich nehmen, die nötig ist, um diesen einfachen und einleuchtenden Ablauf zu lernen, dann werden Sie eine Fertigkeit besitzen, die Sie für den Rest Ihres Lebens anwenden können.

Machen Sie die Übung jeden Morgen, um Ihren Tag angenehm zu beginnen. Machen Sie sie abends zur Entspannung, damit die Anstrengungen des Tages sich setzen und als Vorbereitung für einen erholsamen Schlaf. Machen Sie sie einfach jedesmal, wenn Sie Lust dazu haben. Diese Praxis ist wie eine Dusche: Danach fühlen Sie sich sauber, erfrischt und gelassen.

3.
Fernöstliche Energie – Anatomie und Physiologie

Die Bewußtheit von Qi / Energie durchdringt im Fernen Osten jeden Aspekt des Lebens. Es gibt verschiedene Arten von Qi, zum Beispiel für das Wetter, die Umwelt, die Architektur, für zwischenmenschliche Beziehungen, für die Ökonomie, für Lebensmittel, fürs Auto. Es gibt so viele Arten von Qi, wie es für Eskimos Sorten von Schnee gibt. Was dem Begriff Qi im Westen am nächsten kommt, ist die Beschreibung, wie ich mich in bezug auf etwas fühle. Das Qi einer beliebigen Sache zu kennzeichnen ist, wie über eine Kombination von Haupt-, Tätigkeits- und Eigenschaftswort zu verfügen; darüber nicht zu verfügen ist, als könne man eine Farbe nicht beschreiben. Es ist grundlegend für die fernöstliche Denk-, Verhaltens- und Erfahrungsweise, und merkwürdigerweise haben wir nichts wirklich Vergleichbares.

Im menschlichen Körper hat Qi eine Anatomie und eine Physiologie, die festen Regeln und Gesetzen folgen, genauso wie die westliche Anatomie und Physiologie. Die Vorstellung von Qi bildet das Fundament der Akupunktur, es ist das, worüber Kräuter wirken, es ist, was sich im Taiji Quan bewegt, und es ist, was die Qi Gong-Praxis berührt und entwickelt. Der Schlüssel zu all dem ist die Anatomie und Physiologie Ihres Energiesystems. Nach fernöstlicher Betrachtungsweise hängt Ihr Gesundheitszustand von Ihrem Meridiansystem ab, Ihr Qi kann gelenkt und entwickelt werden – innerlich durch Vorstellungskraft und äußerlich durch Bewegungen. Qi Gong ist der Weg zur Kultivierung dieser Kräfte.

Es ist unabdingbar für jeden, der Qi Gong verstehen will, ein Basiswissen über die Anatomie (Struktur) und die Physiologie (Funktion) des Energiesystems zu besitzen. Viele Konzepte sind dem westlichen Denken fremd, und es gibt eine große Anzahl von Wörtern und Bezeichnungen für dieselbe Sache, je nach Quelle oder Übersetzung. Der folgende Überblick wird Ihnen bei der Orientierung helfen.

Anatomie des Energiesystems

Fernöstliche Anatomie ist etwas ganz anderes als das, was wir im Westen darunter verstehen. Dies kann nicht einfach mit dem Wort »seltsam« abgetan werden; es verlangt unsere Aufmerksamkeit.
Die wichtigsten Gesichtspunkte dieser Betrachtungsweise sind: die Meridiane, die Organe, die Punkte, die Drei Jiao, die Pulse, die Basissubstanzen, die Drei Dantian, die Drei Schätze, Seele und Geist.

Die Meridiane

Die Meridiane sind Linien oder Gefäße im Körper, die die Energie / das Qi leiten. In der fernöstlichen Anatomie sind sich die Fachleute über diese Meridiane oder Gefäße und ihren Verlauf, von einigen Details abgesehen, einig.
Das Meridiansystem ist ein in sich geschlossenes System des Körpers, unabhängig von all den anderen anatomischen Systemen (Blutkreislauf, Nervensystem, Lymphsystem), wenn es auch in vielen Fällen parallel oder komplementär dazu verläuft. Es kann als ein »Kontrollsystem« betrachtet werden, das auf einer höheren Ebene arbeitet, auf einer höheren Oktave, als der von Fleisch und Blut. Im Körper gibt es einen Kreislauf der Kontrolle, die wir mit der folgenden Sequenz beschreiben können:

Qi / Energie – Blut – Zellen – Gewebe – Organe – Funktionen – Beziehungen – das Ganze.

Diese Sequenz kann ausführlicher beschrieben werden: Das Qi leitet das Blut, das Blut nährt die Zellen, die Zellen bilden die Bestandteile der verschiedenen Gewebearten, diese bilden die Organe, die Organe führen die Funktionen aus, und die Funktionen insgesamt bilden das Ganze.
Im Qi Gong *führt der Geist das Qi!*
Insgesamt gibt es 35 Meridiane, die zusammen die gesamte Anatomie des Qi-Meridiansystems ausmachen. Es gibt 12 Hauptmeridiane oder -gefäße, 8 Sondermeridiane und 15 kollaterale oder Verbindungsmeridiane. Die zwölf Hauptmeridiane und die zwei wichtigsten Sondermeridiane, die zusammen die vierzehn Hauptkanäle bilden, beherbergen in ihrem Verlauf eine unterschiedliche Anzahl von Akupunkturpunkten, jenen Stellen, wo Akupunktur, Wärme, Massage oder andere Formen von Kontakt oder Stimulation angewendet werden, um Veränderungen im Energiesystem zu bewirken. Sie verbinden alle Teile des Körpers zu einem integrierten Ganzen.

Die zwölf Hauptmeridiane

Die zwölf Hauptmeridiane sind jeweils mit einem bestimmten Organ verbunden; deswegen werden sie im Westen gewöhnlich nach diesem Organ benannt. Wie wir jedoch später in der Tabelle der Entsprechungen (s. S. 75) sehen werden, stehen die Meridiane nicht ausschließlich mit »ihrem« Organ, sondern auch mit vielen anderen Merkmalen der Person in Verbindung wie speziellen Gewebearten, Sinnesorganen, Emotionen, Fertigkeiten und so weiter.
Die zwölf Hauptmeridiane haben Oberflächenverläufe und innere Verläufe und außerdem Verbindungskanäle. Die Oberflächenverläufe bilden eine ununterbrochene Schleife, das Ende des einen Meridians fließt in den Anfang des nächsten über, vom Rumpf zu den Händen, zum Kopf, zu den Füßen und zurück zum Rumpf – jeweils dreimal für die Gesamtzahl der zwölf Meridiane. Diese sind alle beidseitig vertreten, die eine Seite ist Spiegelbild der anderen.

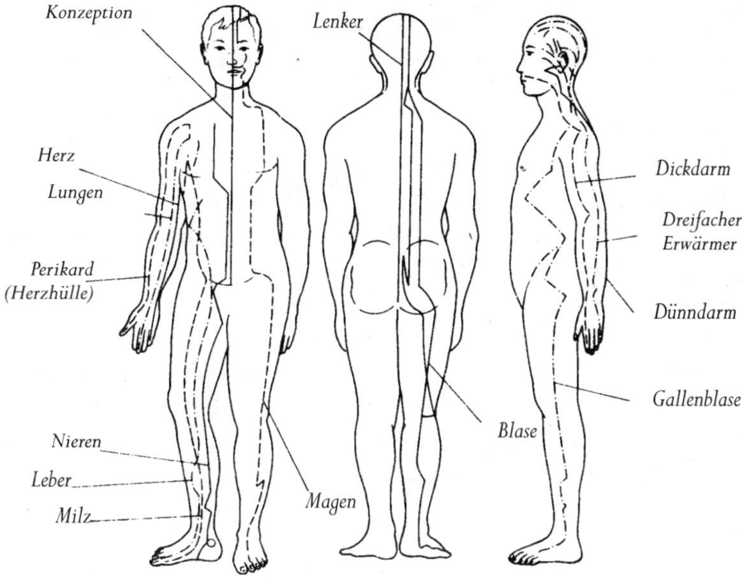

Abb. 4: Die 14 Hauptmeridian-Leitbahnen

Die Acht Sondermeridiane

Sie sind auch unter der Bezeichnung »Die Acht Wundersamen Meridiane« oder »Die Acht Eigentümlichen Meridiane« bekannt. Diese Kanäle werden als Ozeane der Energie betrachtet – Speicher, die im Bedarfsfall angezapft werden und die Überladungen harmonisieren können. Diese Sondermeridiane bilden die Basis der Anfangsphasen der Qi Gong-Praxis – sie sind das Gerüst oder das Skelett. Sie bilden vier Paare: Lenker- und Konzeptionsgefäß, Durchdringendes und Taillengefäß, Yin Wei- und Yang Wei-Gefäß und Yin Qiao- und Yang Qiao-Gefäß.
Lenker- und Konzeptionsgefäße sind außer den zwölf Hauptmeridianen die einzigen Kanäle, die Punkte auf ihrer Leitbahn besitzen. Das Lenkergefäß steigt in der Rückenmitte auf, überquert den Kopf und endet an der Oberlippe; es ist mit 28 Punkten bestückt. Das Konzeptions-

gefäß verläuft auf der Mittellinie der Körpervorderseite aufwärts, endet an der Unterlippe und zählt 24 Punkte. Lenker- und Konzeptionsgefäße sind in der Qi Gong-Praxis grundlegend, weil sie die *›Mikrokosmische Umlaufbahn‹* oder den *›Kleinen Himmlischen Kreislauf‹* aktivieren und unterhalten.

Das nächste Paar der Acht Wundermeridiane bilden das Durchdringende (oder Zong Mai) und das Taillengefäß (oder Dai Mai).

Der Taillenmeridian wird meist als ein Gürtel aufgefaßt, der rund um die Taille verläuft und der die Funktion hat, die anderen Meridiane in Verbindung zu bringen. Er ist der einzige Meridian, der waagerecht um den Körper verläuft – alle anderen folgen senkrechten Bahnen. Im Qi Gong umkreist dieses Gürtelgefäß nicht nur die Taillenebene, sondern bedeckt den ganzen Körper von Kopf bis Fuß und seitlich bis zum Rand des bioelektrischen Feldes wie ein Kokon.

Die vier letzten Sondermeridiane sind als Yin Wei Mai und Yang Wei Mai, Yin Qiao Mai und Yang Qiao Mai bekannt. In der Qi Gong-Praxis schaffen sie die Verbindung zwischen den einzelnen Körperteilen.

Die anderen Kanäle

Die anderen Meridiane sind als die Luo-Kanäle oder Verbindungskanäle bekannt. Vierzehn von ihnen zweigen von den dazugehörigen Hauptkanälen der Haupt- und Sondermeridiane ab und verbinden jeden mit seinem Partnermeridian; so werden Yin und Yang zusammengebracht. Die Beziehung zwischen den verschiedenen Organ- und Sondermeridianen ist wie eine Bruder-Schwester-Beziehung. Es gibt einen zusätzlichen Luo-Meridian, den »Großen Umschlag der Milz«, der alles verbindet; er befindet sich unter der Achselhöhle und erstreckt sich über den ganzen Rippenbogen.

Zusammengenommen verlaufen diese 35 Meridiane durch den ganzen Körper. Sie bilden die Hauptleitbahnen des Qi-Kreislaufes; das Qi fließt aus ihnen und erreicht alle Zellen, Gewebearten, Organe und Funktionen. Sie decken das Territorium ab, verbinden alles miteinander und lassen den Körper ein integriertes Ganzes werden, wo jeder Teil mit allen anderen verbunden ist.

Die Organe und die Beamten

Die zwölf Hauptmeridiane stehen jeweils mit einem bestimmten Organ in Verbindung, das klassischerweise aber nicht nur als physisches Organ, sondern als »Beamter« betrachtet wird. Das Gehirn und die Gebärmutter werden nicht als primäre Organe betrachtet, und sie besitzen keinen eigenen Meridian. Man nennt sie außergewöhnliche oder besondere Organe; sie werden von einer Anzahl verschiedener Meridiane durchdrungen.
Jeder Beamte trägt die Verantwortung und die Aufsicht über eine bestimmte Domäne, genauso wie es in jeder Gesellschaft bestimmte Personen gibt, die für bestimmte Funktionen verantwortlich sind. Ja man kann sogar die menschliche Gesellschaft als Spiegelung unseres inneren Geschehens in die Außenwelt betrachten. Man kann feststellen, daß jede Gesellschaft die gleichen Grundfunktionen entwickelt. Es gibt immer jemanden in Befehlspositionen, es gibt Leute, die für die Planung verantwortlich sind, andere beseitigen den Müll, wieder andere kümmern sich um Transportprobleme usw. Wenn alles planvoll und geordnet funktioniert, dann geht naturgemäß alles bestens. Und so verhält es sich auch mit den Beamten und ihren Meridianen.

Die Punkte

Der zweite Aspekt der Anatomie des Energiesystems, den man unbedingt verstehen muß, um das Funktionieren der Energie zu begreifen, sind die *›Punkte‹*. Dies sind bestimmte Stellen auf der Körperoberfläche, an denen die Energie beeinflußt und verändert werden kann: die Aku-

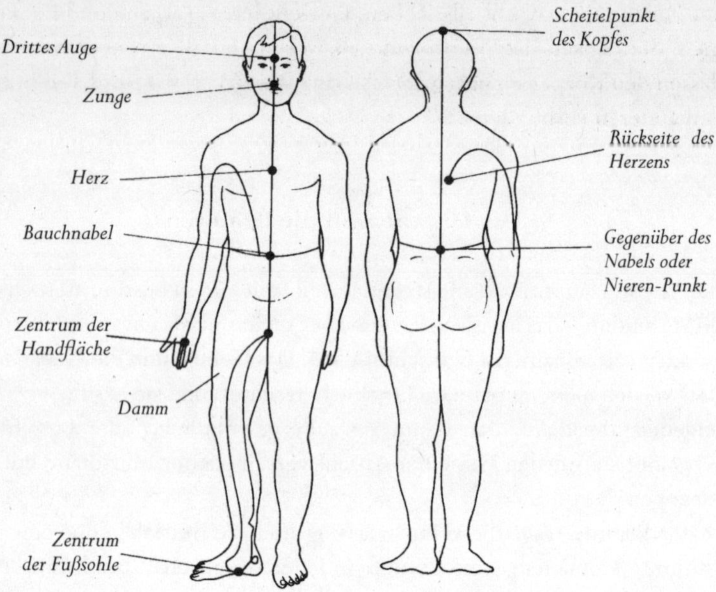

Abb. 5: Die wichtigsten Qi Gong-Punkte

punkturpunkte. Es gibt 670 allgemein akzeptierte Punkte auf den Meridianen, außerdem *›Extra‹*-Punkte und eine ständig wachsende Anzahl *›neuer‹* oder vor kurzem entdeckter Punkte. Jeder Punkt hat einen eigenen Namen, wird nach bestimmten Prinzipien eingeordnet, hat eine genau umrissene Funktion und in vielen Fällen eine *›Seele‹*. Es gibt Treffpunkte, Verbindungspunkte, Alarmpunkte, Zustimmungspunkte, Ausgangs- und Eingangspunkte, Sammlungspunkte, Ashi-Punkte, Fenster-des-Himmels-Punkte, Seelen-Punkte und so weiter.

Die Qi Gong-Punkte

Im Qi Gong gibt es einige Hauptpunkte, die immer wieder benutzt werden. Sie sind allen Qi Gong-Praktikern bekannt: der Bauchnabel, der Scheitelpunkt des Kopfes, der Damm, das Dritte Auge, die Zunge, die Handflächen, die Fußsohlen, der Nieren- und der Herzpunkt. Ein praktisches Verständnis dieser Punkte ist notwendig, um über ein bloßes Nachahmen der Übungsanleitungen hinauszugelangen. Diese neun Punkte zu begreifen und damit zu einem tieferen Verständnis und zur Beherrschung Ihres Qi zu kommen, ist genauso wichtig wie die Kenntnis der Muskeln für einen Masseur, des Skeletts für einen Chirurgen oder der Tonleitern für Sänger oder Musiker. Diese Punkte könnten Qi Gong-Punkte genannt werden (s. Abb. 5).

Die Drei Jiao

Eine andere wichtige und einzigartige Struktur der fernöstlichen Anatomie ist die Einteilung des Rumpfes in drei Abschnitte. Sie sind als die Drei Jiao bekannt. Das untere Jiao ist der Bereich unter dem Bauchnabel. Das mittlere Jiao ist das Feld zwischen Nabel, Zwerchfell und Rippenbogen. Das obere Jiao ist der Bereich vom Zwerchfell bis zum Hals. Diese Bereiche haben ihre eigene Betriebstemperatur und steuern die zugehörigen inneren Organe und Funktionskreise.

Die Pulse

Wie ist all das zu verstehen? Woran kann man erkennen, in welchem Zustand die Meridiane einer Person sind und wie es den Organen / Beamten geht? Welche Qualität, welchen Charakter hat die Energie eines Menschen? Diese Fragen bringen uns zu einem höchst erstaunlichen und einzigartigen Merkmal des Meridiansystems und der fernöstlichen Medizin – den Pulsen.

Das Pulslesen ist *das* Mittel, das erlaubt, das Qi in den zwölf Hauptmeridianen und damit die Energie einer Person festzustellen. Jedes der zwölf Organe (Beamten) hat seinen eigenen Puls, den der ausgebildete und erfahrene Praktiker mit den Fingerspitzen fühlen kann. Die Pulse

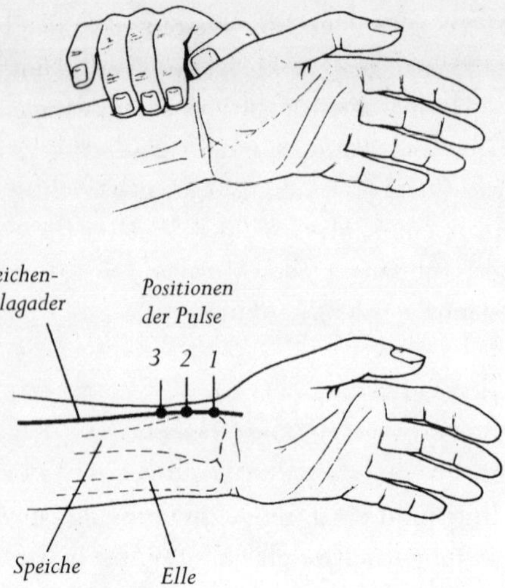

Abb. 6: Die Pulse am Handgelenk

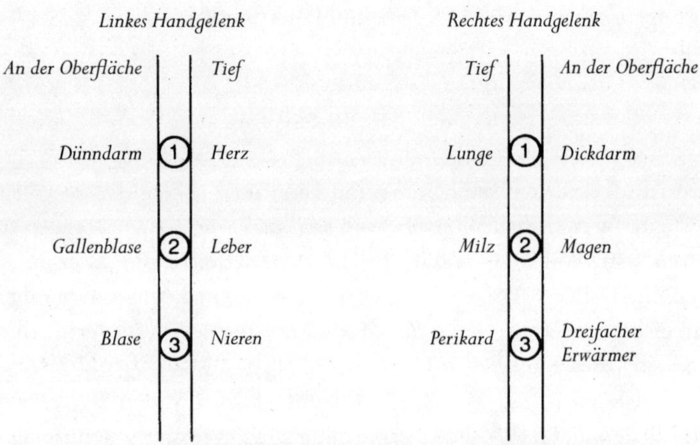

Abb. 7: Positionen der Pulse und ihre Entsprechungen

befinden sich am Handgelenk an der Speichenschlagader (können aber auch am Fußknöchel oder am Hals abgenommen werden). An jedem Handgelenk gibt es drei Positionen: eine an der üblichen Stelle, wo man den Herzschlag spürt, dem Griffelfortsatz gegenüber (Position 2 in Abb. 7), die zweite ist einen Querfinger davor und die dritte einen Querfinger dahinter. In jeder Position gibt es zwei Ebenen, eine oberflächliche und eine tiefe, also insgesamt sechs Positionen an jedem Arm, zwölf im ganzen. Die Positionen, Ebenen und die zugehörigen Organe / Beamten zeigt Abb. 8.

Jedem dieser Pulse werden achtundzwanzig verschiedene Qualitäten zugeschrieben, die man erfühlen kann; sie werden mit Begriffen wie: schwimmend / sinkend, hart / weich, schnell / langsam, groß / klein, voll / leer usw. beschrieben. Und dann gibt's noch verschiedene Kombinationen dieser Qualitäten: ein bestimmter Puls könnte sinkend, hart und langsam oder schwimmend, weich und leer sein. Auf diese Weise kann man die Natur des Qi in einem bestimmten Organ und somit seinen Zustand oder seine Befindlichkeit aufspüren.

Diese Technik kann Informationen über Patienten liefern, die man selbst mit anspruchsvollsten Maschinen nicht bekommen kann. Das Pulslesen ist so verbreitet und so selbstverständlich im Osten, daß Leute, die einen Arzt besuchen wollen, das mit dem Ausdruck »ich lasse mir die Pulse lesen« formulieren. Pulslesen ist eine der aussagekräftigsten und umfassendsten Techniken überhaupt, ihre Grenzen liegen allerdings in der Erfahrung und dem Können des Arztes. Es heißt, daß es zehn Jahre kontinuierlicher Übung erfordert, um die Pulse korrekt lesen zu können, vergleichbar vielleicht mit der Erfahrung, die man braucht, um konzertreif Geige oder Klavier zu spielen.

Die grundlegenden Substanzen – Qi, Blut und Säfte

Qi, Blut und Säfte sind die grundlegenden Substanzen des menschlichen Körpers. Sie stammen aus der Essenz von Atmung, Essen und Trinken und erhalten die normalen Lebensfunktionen aufrecht. Sie ernähren und befeuchten unsere Organe und Gewebe. Die Qualität des Qi bestimmt die des Blutes, und die Qualität des Blutes diejenige des Qi. Stauung in dem einen verursacht Stauung in dem anderen. Beide ernähren unsere Zellen. Je höher ihre Qualität, desto besser unsere Gesundheit und Lebendigkeit.

Die Essenz von Essen und Trinken wird in Körpersäfte umgewandelt. Es gibt zwei Arten von Säften: dick- und dünnflüssige. Die dünnflüssigen wärmen und nähren die Muskeln und halten die Haut feucht. Die dickflüssigen schmieren die Gelenke und sorgen für die Gleitfähigkeit der Körperöffnungen. Körpersäfte sind auch die Grundbestandteile des Harns, des Schweißes, des Speichels und des Bluts. Die Körpersäfte sind eine Basis für das harmonische Funktionieren des Körpers.

Die Drei Dantian

Die Drei Dantian sind auch als die *›Drei Felder des Elixiers‹* bekannt. Damit werden drei Bereiche des Körpers bezeichnet: der Unterbauch, wo die persönliche Kraft gespeichert wird, die Brustmitte, wo Emotionen und Qi beheimatet sind, und die Kopfmitte, wo mentale und spirituelle Dimensionen entwickelt werden. Diese Bereiche bergen die *›Drei Schätze‹*.

Die Drei Schätze

Hinter all diesen Strukturen und Funktionen ist die Ebene zu suchen, auf der die Chinesen die Ganzheitlichkeit des Menschen verstehen. Sie unterscheiden drei Bausteine oder Ebenen, die Drei Schätze. Schätze genannt, weil eine Leere oder ein Ausfall einer von ihnen unser gesamtes Wesen beeinträchtigen würde. Ihre Namen lauten Jing, Qi und Shen. Jing ist die von unseren Eltern und Vorfahren geerbte genetische Energie und ebenso unsere sexuelle Energie, die wir, so heißt es, auf keinen Fall verschwenden sollten. Man findet viele Praktiken zur Beibehaltung und Speicherung dieses Jing in chinesischen Handbüchern über Sexualität.

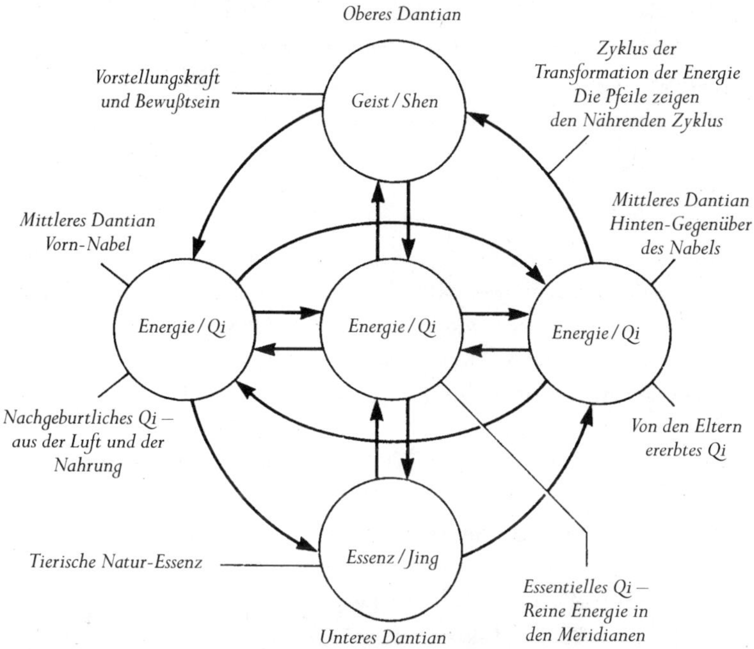

Abb. 8: Die Drei Schätze und ihre Transformationen
Essenz – Energie – Geist Jing – Qi – Shen

Qi, wie schon erwähnt, ist der »Kraftstoff«, der uns funktionieren läßt. Es hat viele verschiedene Formen: Yuan Qi, Jing Qi, Wei Qi usw. Es kann durch Überarbeitung, falsche Ernährung, schlechte Gewohnheiten und zuviel Sex aufgezehrt werden.

Shen ist ein allgemeiner Begriff für Geist (oder Seele). Der Geist wird durch das Qi ernährt: Der spirituelle Körper liegt auf einer höheren Schwingungsebene als das Qi und hängt von ihm ab. Man sagt, daß er im Herzen wohnt. In den Augen kann man den Zustand des Shen wahrnehmen: Wenn sie vor Lebendigkeit funkeln, ist das Shen gut, wenn sie verschleiert oder verdunkelt aussehen, ist das Shen schlecht.

So sind Jing, Qi und Shen hierarchisch miteinander verbunden, und wir können es nähren und pflegen, aber auch leeren, erschöpfen und unterminieren. Jemand, der Qi Gong übt, wird seine Handlungen, Gewohnheiten und seine Praxis danach ausrichten, was den Drei Schätzen förderlich ist, und er wird unterlassen, was ihnen schadet. Sie sind ihm so wichtig wie einem Geschäftsmann der Kreditrahmen!

Seele und Geist

Man kann den Geist als den »Kitt« bezeichnen, der nicht nur unsere spirituellen Traditionen zusammenhält, sondern auch ganze Nationen: Er hat Kathedralen errichtet, Kriege angezettelt und das Fundament geliefert, auf dem wir unser gesamtes Leben aufbauen. Er ist die instinktive und intuitive Erfahrung jenes ewigen Teils des Universums, das jeder von uns in seinem Innern besitzt. Er ist vielleicht das Wertvollste, was wir haben.

Nach fernöstlicher Tradition läßt sich das, was wir unter Geist verstehen, in verschiedene Kategorien unterteilen; ebenso das, was wir unter Seele verstehen. Danach gibt es fünf Arten von Geist: Sie heißen Hun, Shen, Yi, Po und Zhi, und sie sind den Organen / Beamten (Leber, Herz, Lungen, Milz und Nieren) zugeordnet. Wenn man diese Organe durch spezifische Formeln und Verfahren reinigt, nährt und verfeinert, entwickelt man Tugenden.

Diese Prozesse haben eine energetische Dimension: Es ist, als arbeite unsere Energie auf einer höheren und modulierten Frequenz. Zu den grundlegenden Praktiken der taoistischen Mönche gehören tägliche Übungen und Handlungen, die die Energie reinigen und verfeinern, mit dem Ziel, Seele und Geist weiterzuentwickeln.

Physiologie der Energie

Die Funktion des Energiesystems ist die Widerspiegelung seiner Gesetze und Prinzipien, die auf den Gesetzen der Natur basieren. Qi Gong arbeitet in Übereinstimmung mit diesen Gesetzen. Die physiologischen

Hauptmerkmale sind: Das Dao, Yin und Yang, die Fünf Elemente, die Entsprechungen, die Familiären Beziehungen, natürlichen Zyklen und Biorhythmen und die Krankheitsfaktoren. Diese Merkmale zu verstehen und zu erkennen gibt uns Einsicht in unsere Funktionsweise und die Art und Weise, wie wir in die Gesamtheit der Natur eingebunden sind, und das wiederum gibt uns Hinweise, wie wir im Einklang mit der Natur / dem Dao leben können.

Das Dao

Unsere Physiologie arbeitet nach den Prinzipien des Dao, die wir bereits beschrieben haben. Das Dao ist Ursprung und Natur aller Dinge. Qi Gong könnte man als »Dao in Aktion« beschreiben.

Yin und Yang und die Acht Prinzipien

Das Symbol des Dao sind die bekannten miteinander verbundenen Fische. Einer ist weiß und der andere schwarz; sie repräsentieren die grundlegende Polarität, genannt Yin und Yang.
Diese Polarität bezieht sich auf alle Dinge, alles wird durch sein Gegenteil vervollständigt: oben / unten, schwarz/ weiß, Tag / Nacht, positiv / negativ, männlich / weiblich, Bewegung / Stille, Wachstum / Verfall . . . Diese Prinzipien beschreiben Naturgesetze. Die grundlegendsten sind die Gesetze von Yin und Yang in den unterschiedlichsten Schattierungen. Die alten Philosophen und Hofräte verdienten ihren Lebensunterhalt und ihre Stellung damit, daß sie die Feinheiten der Interaktionen und Wechselbeziehungen von Yin und Yang beschrieben und das Verständnis davon vertieften.
Die Polarität von Yin und Yang bildet die Basis dessen, was die fernöstliche Medizin die Acht Prinzipien nennt. Danach kann man den Zustand des Qi mit Hilfe von acht Parametern erfassen und beschreiben: Die vier Gegensatzpaare sind Yin / Yang, innen / außen, Mangel / Überfluß

Abb. 9: Symbol für das Tao und die Yin / Yang-Polarität

und warm / kalt. Der Zustand der inneren Energie einer Person könnte beispielsweise Yin, innengewandt, schwach und kalt oder Yang, außengewandt, im Überfluß und heiß sein. Die praktische Konsequenz ist die, daß man den Zustand einer Person einschätzen muß, um herauszufinden, wie das Ungleichgewicht ausgelöst wurde und wie die Balance wiedergewonnen werden kann. Man unterscheidet fünf Hauptprinzipien der wechselseitigen Beeinflussung von Yin und Yang: Alles hat einen Yin- und einen Yang-Aspekt; jedes Yin und jedes Yang kann weiter unterteilt werden; Yin und Yang bringen einander hervor; Yin und Yang kontrollieren sich gegenseitig; Yin kann sich in Yang verwandeln und umgekehrt.

Die Fünf Elemente – Holz, Feuer, Erde, Metall und Wasser

Die Daoisten ordnen alles Yin und Yang und dann weiter den Fünf Elementen zu. Sie beschreiben die Natur der Dinge durch Kategorisierung nach den ihnen innewohnenden Eigenschaften. Die Fünf Elemente können sich auf vielerlei Weisen gegenseitig beeinflussen.

Die Fünf Elemente lassen sich am einfachsten in Bezug zu den Jahreszeiten darstellen. Die Abfolge der Jahreszeiten ist eine grundlegende Voraussetzung dafür, daß sich alles Leben entwickeln konnte. Das ist so fundamental, daß wir dazu tendieren zu vergessen, daß es sich hier um

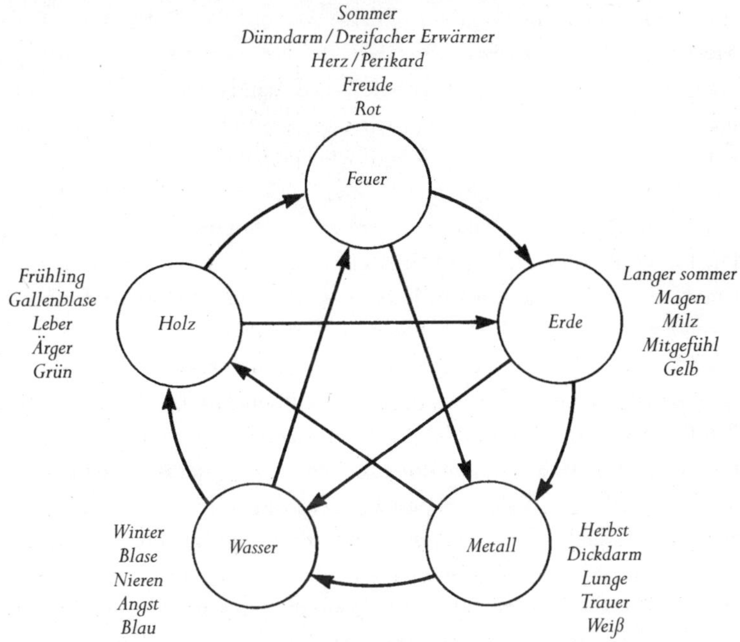

Abb. 10: Die Fünf Elemente

eine primäre Vor-Bedingung handelt. Würden wir die Fische fragen, wie es denn so ist, im Wasser zu schwimmen, dann würden sie wahrscheinlich erstaunt erwidern: »Wasser, was ist das?« Die Abfolge der Jahreszeiten beruht auf der Drehung der Erde um die Sonne. Sie folgen immer der gleichen Reihenfolge, haben es immer getan und werden es immer tun. Nie wird eine Jahreszeit ausgelassen oder übersprungen. Sie sind stabil und vorhersagbar, sie fungieren als Metronom des Lebens. Während wir im Westen das Jahr in vier Jahreszeiten einteilen, sind es in Asien fünf. Wir kennen Frühling, Sommer, Herbst und Winter, während für die Asiaten der Lange Sommer als separate Saison, die Nabe des Jahres, die zentrale Stelle der Balance und der Harmonie gilt. Jede Jahreszeit hat ihre eigenen Eigenschaften, die ihre Natur und ihren Charakter widerspiegeln. Jeder dieser Qualitäten wird ein Element (man sagt auch: eine Wandlungsphase) zugeordnet: Holz, Feuer, Erde, Metall und Wasser. Holz ist die Kraft, die das Wachstum im Frühling in Gang bringt. Feuer symbolisiert die Wärme und Aktivität, die im Sommer den Höhepunkt erreicht. Erde ist das Fundament von allem und entspricht dem Spätsommer. Metall wird den Mineralien, die beim Verfall der Natur im Herbst in den Boden zurückkehren, zugeordnet. Zum Wasser gehören der Schnee und das Eis des Winters.

Die Fünf Elemente und ihre Jahreszeiten stehen auch zu bestimmen Organen und Emotionen in Verbindung. Zu Frühling / Holz sind die entsprechenden Organe die Leber und die Gallenblase, die Emotionen Ärger / Wut und die schöpferische Kraft. Zu Sommer / Feuer sind die entsprechenden Organe das Herz und der Dünndarm, die Herzhülle und der Dreifache Erwärmer und die Emotionen Freude und Liebe. Dem Langen Sommer sind als die entsprechenden Organe die Milz und der Magen als Träger von Sympathie und Mitgefühl zugeordnet, zum Herbst / Metall sind die entsprechenden Organe die Lungen und der Dickdarm und die Emotionen Trauer und Reinigung. Zum Winter / Wasser sind die entsprechenden Organe die Nieren und die Harnblase und die Emotionen Angst und Ehrfurcht.

Diese Entsprechungen berühren viele Aspekte des Lebens, und sie bilden ein prinzipielles Raster zur Anschauung und Erfahrung der Welt.

Die Tabelle der Entsprechungen

Die Tabelle der Entsprechungen spiegelt das klassische fernöstliche Verständnis unserer ganzheitlichen Natur und der Beziehungen all unserer Teilaspekte zueinander wider. Diese Betrachtungsweise verbindet alle Einzelheiten in einem integrierten Ganzen, z. B. die physische Ebene der Organe, Sinne, Gewebe und Funktionen; die emotionale Ebene unserer Gefühle; die mentale Ebene unserer Planungs- und Entscheidungsfähigkeit, unserer Willenskraft, unseres Unterscheidungs- und Auswahlvermögens, unserer Kontrollinstanzen usw.; und schließlich die verschiedenen Dimensionen und Ebenen unserer Seele.

Die Tabelle der Entsprechungen geht noch weiter und bezieht auch Farben, Töne und Laute, Gerüche, die Tageszeiten, die Geschmacksrichtungen und vieles mehr mit ein. Es handelt sich um ein Verständnis der Wechselbeziehungen aller Aspekte unseres Daseins und daher um eine originäre, ganzheitliche Weltanschauung. Sie stellt eine interne Ökologie dar, die es wert ist, beachtet und durchdacht zu werden. Sie legt ein Fundament für eine integrierte Sicht und ein globales Verständnis dessen, was und wer wir sind, wie wir handeln und funktionieren. Sie hat die strengste aller Prüfungen – die Zeit – bestanden.

Tabelle der Fünf Elemente und ihrer Entsprechungen

Element	**Holz**	**Feuer**	**Erde**	**Metall**	**Wasser**
Jahreszeit	Frühling	Sommer	Langer Sommer	Herbst	Winter
Yang-Organ	Gallenblase	Dünndarm und Dreifacher Erwärmer	Magen	Dickdarm	Harnblase
Yin-Organ	Leber	Herz und Herzhülle	Milz	Lunge	Nieren
Emotion	Ärger	Freude	Mitgefühl	Trauer	Angst
Farbe	Grün	Rot	Gelb	Weiß	Blau
Laut	Schreien	Lachen	Singen	Weinen	Stöhnen
Geschmack	sauer	bitter	süß	scharf	salzig
Geruch	ranzig	versengt	duftend	verfault	stinkend
Öffnung	Augen	Zunge	Mund	Nase	Ohren
Gewebe	Sehnen	Blutgefäße	Fleisch	Haut u. Haare	Knochen
Klima	Wind	Hitze	Feuchtigkeit	Trockenheit	Kälte
Prozeß	Geburt	Wachstum	Transformation	Ernte	Speicherung
Richtung	Ost	Süd	Zentrum	West	Nord

Familienbeziehungen

Zahlreiche grundlegende Gesetze und Prinzipien spiegeln die Beziehungen innerhalb der Familie wider.

Mutter / Kind

Das Gesetz der Mutter-Kind-Beziehungen ist eins jener Prinzipien, die das allerengste Beziehungsmuster des gewöhnlichen alltäglichen Lebens betreffen, das oft nicht gebührend beachtet und geschätzt wird. Die Mutter-Kind-Beziehung ist Bestandteil des Systems der Fünf Elemente (s. Abb. 10). Sie wird auch Sheng- oder Ernährungszyklus genannt, was in seiner einfachsten Form besagt, daß jedes Organ / jeder Beamte die Mutter des nachfolgenden bzw. das Kind des vorherigen ist. Nach diesen Zyklen wird jeder Beamte von dem vorhergehenden versorgt, genauso wie eine Mutter ihr Kind ernährt. Wenn also die Mutter ihr Kind nicht angemessen – zu viel oder zu wenig – umsorgt, dann wird das Kind entsprechende Folgen spüren.

Mann / Frau

Wir wären nicht auf der Welt, gäbe es keine Mann-Frau-Beziehung. Sie spiegelt die Berührung von Yin und Yang wider, die einer bestimmten Dynamik und Balance bedarf, damit Entwicklung stattfindet. Sind Yin und Yang statisch balanciert, gibt es keine Aktivität, nur Stillstand.

Brüder / Schwester

Alle Organe sind paarweise geordnet, je nach Zugehörigkeit zu dem jeweiligen Element. Die Paare sind: Leber und Gallenblase im Holz, Herz und Dünndarm, Herzbeutel und Dreifacher Erwärmer im Feuer, Milz und Magen in der Erde, Lungen und Dickdarm im Metall und Nieren und Blase im Wasser. Diese Paare haben eine Bruder-Schwester-Beziehung.

Natürliche Zyklen und Biorhythmen – Erde, Sonne und Mond

Das Körpergeschehen ist in natürliche Zyklen eingebunden – die Rhythmen der Natur. Die Entwicklung des menschlichen Körpers vollzog sich über Millionen von Jahren unter dem Einfluß der Zyklen der Erde, des Mondes und der Sonne, die wir im Wechsel von Tag und Nacht, im 28-Tage-Rhythmus des Mondes und im Zyklus der Jahreszeiten erfahren. Wir werden von diesen Rhythmen sehr weitgehend beeinflußt, auch wenn die meisten Menschen sie nicht bewußt wahrnehmen. Wenn wir uns mit diesen Naturzyklen vertraut machen, können wir uns mit der Energie, die in unserem Innern fließt, und damit zugleich mit der Natur in Einklang bringen.

Die Erde und der Tagesrhythmus

Den vierundzwanzig Stunden des Tages sind zwölf Hauptorgane zugeordnet. Das Qi fließt kontinuierlich in unseren Meridianen und Organen, tritt jedoch in jedem Organ täglich zwei Stunden lang besonders deutlich hervor. So bewegt es sich während eines Tages wie eine Gezeitenwelle durch alle Organe. Von dieser Welle, die mit dem Sonnenstand zusammenhängt, ist jeder betroffen. Während dieser besonders aktiven Zeiten ist es möglich, das entsprechende Organ optimal zu beeinflussen.

Herz	11 Uhr – 13 Uhr	Gallenblase	23 Uhr – 1 Uhr
Dünndarm	13 Uhr – 15 Uhr	Leber	1 Uhr – 3 Uhr
Blase	15 Uhr – 17 Uhr	Lunge	3 Uhr – 5 Uhr
Nieren	17 Uhr – 19 Uhr	Dickdarm	5 Uhr – 7 Uhr
Herzhülle	19 Uhr – 21 Uhr	Magen	7 Uhr – 9 Uhr
Dreif. Erwärmer	21 Uhr – 23 Uhr	Milz	9 Uhr – 11 Uhr

Die alte chinesische Uhr umfaßte zwölf Einheiten pro Tag mit jeweils zwei Stunden:

Wu	11 Uhr – 13 Uhr	Zi	23 Uhr – 1 Uhr
Wei	13 Uhr – 15 Uhr	Chou	1 Uhr – 3 Uhr
Shen	15 Uhr – 17 Uhr	Yin	3 Uhr – 5 Uhr
You	17 Uhr – 19 Uhr	Mao	5 Uhr – 7 Uhr
Xu	19 Uhr – 21 Uhr	Chen	7 Uhr – 9 Uhr
Hai	21 Uhr – 23 Uhr	Si	9 Uhr – 11 Uhr

Diese Zeiteinteilung spiegelt die biologischen Fakten des Energieflusses in unserem Körper und seinen Organen wider. Dieser Zusammenhang ist von enormer Bedeutung, da er sich auf unsere tägliche Arbeit und unsere Stimmungen auswirkt.

Der Mond und der Monat

Alle achtundzwanzig Tage durchläuft das Qi einen Zyklus, der im Lenkergefäß den Rücken hoch- und im Konzeptionsgefäß die Körpervorderseite hinabläuft. Bei Vollmond erreicht das Qi seinen Gipfel, den Scheitelpunkt des Kopfes, und bei Neumond den Damm. Der Mondkreislauf kontrolliert die Gezeiten und den weiblichen Menstruationszyklus.

Die Sonne und die Jahreszeiten

In jeder Jahreszeit erreicht das Qi einen Höchststand in einem Organpaar: Leber und Gallenblase im Frühling, im Sommer Dünndarm und Herz (sowie Herzhülle und Dreifacher Erwärmer), im Langen Sommer (den Übergängen zwischen den vier Jahreszeiten) Magen und Milz, im Herbst Lungen und Dickdarm und im Winter Nieren und Harnblase. Auf diese Weise beeinflussen uns die Jahreszeiten tiefgreifend. Jeder westliche Arzt kann Ihnen ein Lied davon singen, daß bestimmte Organe zu bestimmten Jahreszeiten erkranken. Der Grund dafür ist dieser Energiekreislauf.

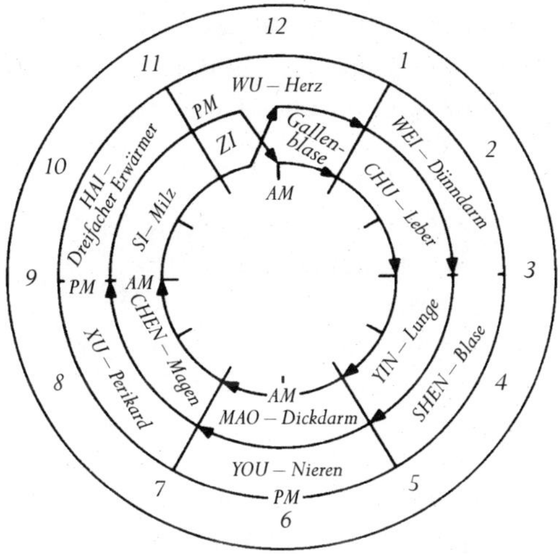

Abb. 11: Die Uhr der biologischen Energie
Das Zifferblatt der Zukunft

Krankheitsfaktoren

Wo kommen also Ungleichgewicht und Krankheit her? Wie kommt es, daß wir krank werden? Wieso wird das Qi disharmonisch? Es gibt zwei Typen von Krankheitsursachen – äußere und innere.

Äußere Faktoren sind zum Beispiel: ungünstige Wetterbedingungen wie Hitze, Kälte, Wind, Trockenheit, Feuchtigkeit, falsche Ernährungsweise, schlechte Nahrungsmittel, Würmer und Mikroben, Vergiftung und Umweltverschmutzung, Traumata und Unfälle. Innere »Krankheitskeime« können durch übertriebene oder verdrängte Emotionen wie Ärger, Freude, Mitleid, Trauer oder Angst hervorgebracht werden, die wiederum von Ihrem emotionalen Umfeld erzeugt werden können. Sie können aus unangebrachten geistigen Haltungen oder Einstellungen resultieren. Es gibt auch seelische Krankheiten, die sehr ernsthafte Probleme zum Ausdruck bringen können. Diese Faktoren verändern das

Qi, das übermäßig stark oder schwach, gestaut, blockiert, verstopft wird oder stagniert, und schaffen damit eine Fülle von Problemen. Ein sehr breites Spektrum von Faktoren kann das Qi negativ beeinflussen und damit den Boden für Krankheit und Dysfunktion bereiten.

Energie-Anatomie und -Physiologie und Qi Gong

Die Physiologie sagt, wie Ihre Energie funktioniert. Die Gesetze und Prinzipien des Dao, Yin und Yang, die Fünf Elemente, die Tabelle der Entsprechungen, die Familienbeziehungen, die natürlichen Zyklen und die Krankheitsfaktoren zeigen auf, wie Ihre Energie arbeitet. Diese Gegebenheiten zu kennen, zu respektieren und im Einklang mit ihnen zu leben wird Ihnen helfen, Ihr Qi zu bewahren, Ihre Gesundheit zu erhalten und Ihre Eigenwahrnehmung zu intensivieren.

Übung drei
Konzentration aufs Zentrum der Körperenergie

Konzentrieren Sie Ihr Qi auf Ihre Mitte,
und speichern Sie es dort.

Ziel

Es handelt sich um eine innere Nei Dan-Praxis, die Ihnen hilft, Ihre Energie zu mehren, sich zu »verwurzeln« und »zentriert« zu bleiben, indem Sie Ihre Energie auf Ihr physisches Zentrum lenken. Außerdem bietet sie Ihnen einen Weg zur Selbstwahrnehmung an.

Übungsanleitung

1. Setzen Sie sich auf einem Stuhl nahe an der vorderen Stuhlkante, die Knie parallel, schulterbreit voneinander entfernt und rechtwinklig gebeugt, die Füße flach auf dem Boden. Diese Übung kann auch im Liegen

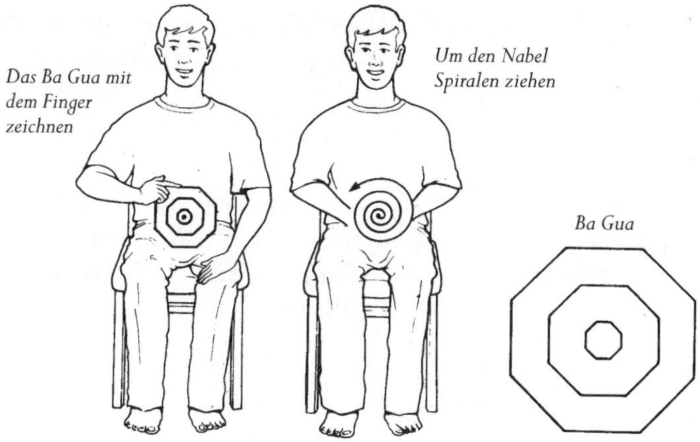

Abb. 12: Sich aufs Zentrum konzentrieren

ausgeführt werden. Legen Sie Ihre rechte Hand mit der Handfläche nach unten auf die linke Hand, deren Handfläche nach oben weist, und lassen Sie Ihre zusammengelegten Hände entspannt auf dem Schoß liegen. Klären Sie Ihren Geist von allen störenden Gedanken, und visualisieren Sie einen blauen, wolkenlosen Himmel.

2. Jetzt erschaffen Sie ein *›Ba Gua‹* – ein aus drei konzentrischen Achtecken bestehendes Muster – um Ihren Bauchnabel. Zum Erlernen dieser Form und zum Training der Vorstellungskraft zeichnen Sie mit dem Finger imaginäre Linien auf den Bauch um den Nabel herum. Nach einiger Übung werden Sie in der Lage sein, diese Form allein mit der Vorstellungskraft auf den Bauch zu projizieren.

3. Schauen Sie nach unten, und stellen Sie sich vor, Ihr Bauch sei ein Zifferblatt mit dem Nabel als Zentrum – zwölf Uhr oben, drei Uhr auf der linken Seite, sechs Uhr unten und neun Uhr auf der rechten Seite.

4. Machen Sie diese Übung mit halb geschlossenen Augen – richten Sie Ihre Aufmerksamkeit zur Hälfte nach außen, auf das, was Sie gerade tun, und zur Hälfte nach innen, wo Sie spüren, was Sie jetzt erfahren. Später,

wenn Sie mit dem Ablauf vertraut sind, halten Sie Ihre Augen ganz geschlossen, um sich voll darauf zu konzentrieren, was Sie empfinden und erfahren. Auf diese Weise werden Sie Ihren Geist trainieren, sich auf diese Erfahrungen und Empfindungen zu konzentrieren, und Sie werden lernen, wie Sie Ihre Energie mit Ihrem Geist allein kontrollieren und lenken können.

5. Setzen Sie einen Finger auf den Bauch, ungefähr 7,5 cm oberhalb des Nabels (auf Stellung zwölf Uhr). Alle Linien dieses Achtecks, 7,5 cm vom Nabel entfernt, sind ca. 6 cm lang. Der Anfang der oberen Linie liegt etwa 3 cm rechts von der Mittellinie.

(a) Wandern Sie mit der Fingerspitze von rechts nach links, und ziehen Sie eine waagerechte Linie, die obere Linie des Achtecks.
(b) Ziehen Sie, dem Uhrzeigersinn folgend, eine zweite Linie schräg nach unten.
(c) Dann eine absteigende senkrechte Linie auf der linken Seite, die die Position drei Uhr markiert.
(d) Dann eine Linie schräg nach unten zur Mittellinie hin.
(e) Es folgt eine Waagerechte von links nach rechts an der Position sechs Uhr.
(f) Dann eine Schräge nach rechts oben.
(g) Eine aufsteigende Senkrechte bei »neun Uhr«.
(h) Und endlich eine schräg aufsteigende Linie, die auf die Anfangswaagerechte trifft.

Sie haben jetzt das erste, äußerste Oktagon des Ba Gua gezeichnet.

6. Wiederholen Sie die Übung, dieses Mal sind die Linien jedoch nur 5 cm vom Nabel entfernt. Jede Linie ist etwa 4 cm lang.

7. Wiederholen Sie die Form ein weiteres Mal etwa 2,5 cm vom Nabel entfernt und mit 2,5 cm langen Linien.

8. Zeichnen Sie diese drei konzentrischen Achtecke (7,5 cm, 5 cm und 2,5 cm vom Nabel entfernt) noch einmal, aber jetzt nur in der Vorstellung. Schließen Sie die Augen, und konzentrieren Sie sich. Wiederholen Sie die Form immer wieder, bis sie Ihnen klar wird. Indem Sie das Ba Gua auf diese Weise in der Vorstellung üben, trainieren Sie Ihren Geist und erarbeiten sich die Fähigkeit, Ihr Qi / Ihre Energie zu lenken und zu kontrollieren.

9. Wiederholen Sie diese Übung in der Vorstellung, bis Sie sie gemeistert haben. Wenn die Vorstellung verlorengeht, helfen Sie wieder mit dem Finger nach. Um die Form unmittelbar spüren zu können, zeichnen Sie sie direkt auf die Haut statt auf die Kleidung. Wiederholen Sie die Übung, bis sie Ihnen in Fleisch und Blut übergegangen ist. Mit dieser Übung weben Sie ein »Netz« um Ihren Nabel, das hier Energie sammelt.

10. Jetzt werden Sie lernen, Ihre Energie zu aktivieren und zu *›öffnen‹* – um sie *›anzuschalten‹*. Mit der Spitze eines Fingers zeichnen Sie, vom Nabel ausgehend, eine immer größer werdende Spirale auf Ihre Kleidung oder Ihre Haut: Männer gegen den Uhrzeigersinn, von zwölf Uhr Richtung neun, sechs, drei Uhr und weiter zurück zu zwölf Uhr / Frauen im Uhrzeigersinn, von zwölf Uhr Richtung drei, sechs, neun Uhr und weiter zurück zu zwölf Uhr. Lassen Sie die Spirale bis hin zum Rippenbogen (zwölf Uhr) zum oberen Schambeinrand (sechs Uhr) anwachsen. Ziehen Sie neun Auswärts- und dann sechs Einwärts-Spiralen. Richten Sie währenddessen Ihre visuelle Vorstellung auf das Ba Gua-Energienetz.

Die Spiralbewegungen in dieser Richtung öffnen das Energiezentrum und aktivieren es. Um es schließlich zu versiegeln, bringen Sie eine Handfläche mittig auf den Nabel und legen die andere Hand genau obenauf. Männer haben die linke Hand, Frauen die rechte direkt am Nabel. Konzentrieren Sie sich auf den Nabelpunkt und stellen Sie sich vor, daß Sie da hineinatmen. Es ist von höchster Wichtigkeit, Ihr Energiezentrum am Ende der Übung wieder zu schließen. Nachdem Sie Ihr Zentrum geöffnet haben, müssen Sie die Richtung umkehren, um die Energie sicher zurück zu Ihrem Zentrum zu bringen, sonst liegt sie offen und könnte außer Kontrolle geraten und Schäden verursachen.

11. Diese gesamte Übung bringt Ihre Energie in den Bauchnabel-Bereich, der das primäre Zentrum und der Speicher Ihrer Energie ist. Dort kam das vorgeburtliche Qi in Sie hinein, als Sie noch ein Embryo in der Gebärmutter waren. Es ist Ihr »Heimathafen«. Wenn Sie Ihre Energie dort konzentrieren, ist sie sicher und stabil.

Um die Übung weiterzuführen und Ihre Energie noch stärker zu konzentrieren, können Sie Ihr Ba Gua auf einen Durchmesser von 4 cm verdichten.
Um noch mehr Konzentration und Kraft zu entwickeln, können Sie sechsunddreißig Auswärts- und vierundzwanzig Einwärts-Spiralen ziehen.
Um mehr Energie zu gewinnen, können Sie mit Hilfe Ihrer Vorstellungskraft äußeres Qi, also Qi der Sonne, des Grases, der Bäume und der Blumen, des Mondes, der Sterne, der verschiedenen Himmelsebenen und des Kosmos einsammeln.
Nutzen Sie die Übung täglich. Nutzen Sie sie, wenn Sie sich im *›Ungleichgewicht‹* oder *›nicht geerdet‹* fühlen, um zurück zu Ihrer Mitte zu finden.
Wenn Sie dann die Fähigkeit erworben haben, die Übung im Geist auszuführen, können Sie sie zur Wahrnehmung Ihres Energiezentrums verwenden. Wenn Sie Schwierigkeiten haben, weil Ihre Energie sich zu wild oder unkontrollierbar anfühlt oder sich nur schleppend bewegen läßt, nehmen Sie das als Feedback Ihres Energiesystems. Indem Sie sich auf das Ba Gua konzentrieren und es allmählich in den Griff bekommen, können Sie dauerhaft die Kontrolle über Ihre Energie wiedergewinnen. Sie können mit dieser Übung auch Ihre Energien vermehren.
Üben Sie, sooft Sie wollen, zum Beispiel bevor Sie ins Bett gehen. Das Ba Gua um den Nabel zu bilden und es zu aktivieren ist eine der wichtigsten und grundlegendsten Techniken zur Kontrolle, zum Aufbau und zum Wiederaufladen und Erhöhen Ihres Energiepotentials. Probieren Sie's!

4.
Die verschiedenen Qi Gong-Arten und ihre Anwendungen

Qi Gong ist ein wundervolles und geheimnisvolles Etwas, das aus vielen Gründen benutzt werden kann. Es ist wie ein Werkzeugkasten, in dem verschiedene Werkzeuge stecken, die man alle zu unterschiedlichen Zwecken gebrauchen kann. Manche sind einfach und ganz allltäglich, ihr Gebrauch leicht nachvollziehbar, und jeder kann sie bedienen. Andere sind so komplex, daß sie ganz spezielle Anwendungen von einem erfahrenen Lehrer erfordern. Jedes von ihnen hat seine eigenen Anwendungen. Es ist genauso wichtig, sich die richtige Technik wie ein angemessenes Werkzeug auszusuchen: Sie würden nicht probieren, eine Schraube mit einem Hammer herauszudrehen, und es wäre auch besser, in keinem Kampfkunst-Wettbewerb anzutreten, wenn Sie bisher im Qi Gong nur Langlebigkeitsübungen trainiert haben.

Es ist ganz wichtig, Ihre Beweggründe und die Ziele, die Sie durch Ihre Qi Gong-Praxis verfolgen, zu klären, um die korrekten Methoden und Anwendungen sorgfältig auszusuchen und zu gebrauchen. Es hängt alles davon ab, was Sie mit diesen Übungen erreichen wollen. Je einfacher und allgemeiner etwas ist, desto mehr Menschen können einen Zugang finden; je raffinierter und spezialisierter, desto weniger werden Interesse oder Zugang finden. Millionen von Leuten können einfache Stehübungen praktizieren, die nur wenige Anleitungen erfordern und allgemeine positive Ergebnisse für ihre Gesundheit und ihre Kräftigung erbringen, weil sie ihre Energiemenge erhöhen, während nur Auserwählte in die höheren Ebenen der Energiealchimie eingeweiht werden, so wie es in der klösterlichen Tradition der spirituellen Kultivierung der Fall ist.

Die Anwendungspalette von Qi Gong ist sehr groß. Die Bandbreite der verfügbaren Informationen reicht heute von den Büchern, die Sie in fast jeder Buchhandlung kaufen können, bis zu Videokassetten, die Ihnen zu Hause die Bewegungen aller bekannten Formen zeigen und zu Wochenkursen, Seminarwochenenden oder längeren Trainingsmöglichkeiten ... Es gibt Programme und Lehrer jeder Art, mit den unterschiedlichsten Erfahrungen und Kompetenzen. Und es scheint, daß Angebot und Nachfrage in den nächsten Jahren noch weiter zunehmen werden.

Eine Übersicht der Anwendungen

Was jetzt folgt, ist ein Inventar der Anwendungsgebiete von Qi Gong. Bei einigen Bereichen werden Sie sich fragen, warum ich über sie berichte, so evident sind sie, und andere sind so phantastisch, daß Sie den Kopf schütteln werden und skeptisch über mein kritisches Urteilsvermögen Zweifel anmelden werden. Mein Hauptanliegen ist, aufzuzeigen, was mir bewußt wurde und was ich verstanden habe. Die folgende Liste wurde unter den Gesichtspunkten der Klarheit und der Information über alle heute bekannten Qi Gong-Arten hergestellt. Das Spektrum der Anwendungen umfaßt:

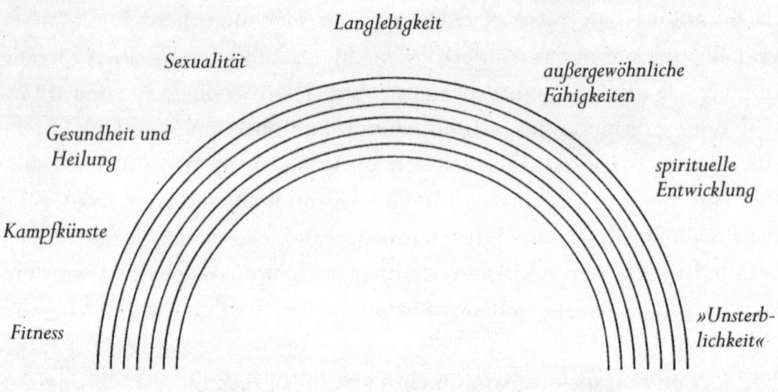

Abb. 13: Das Spektrum der Qi Gong-Anwendungen

Fitness
Kampfkünste
Gesundheit und Heilung
Sexualität
Langlebigkeit
außergewöhnliche menschliche Fähigkeiten
spirituelle Entwicklung
»Unsterblichkeit«.

Qi Gong und Fitness

Es gibt viele Anwendungen des Qi Gong im Bereich Fitness. Die anschaulichsten und erstaunlichsten Beispiele sind die berühmten Pekinger Akrobaten, diese Ambassadeure des Staunens und des Wunders, die so kunstfertig sind wie sonst keine andere Gruppe aus anderen Ländern. Jeder, der diese Zirkustruppe gesehen hat, weiß, wie er fast in einen Schockzustand versetzt wurde: Es sollte einfach keinem menschlichen Körper möglich sein zu tun, was sie tun, und dennoch! Was ist ihr Geheimnis? Raten Sie mal!
Wenn Sie sich das Finale der Volleyball-Weltmeisterschaft der Frauen (USA gegen China) angeschaut haben, dann haben Sie Qi Gong »live« gesehen. Die Entschiedenheit und das 110-prozentige Engagement jeder Chinesin ließ jeden Zuschauer fragen, ob die anderen wirklich auch das gleiche Spiel spielten. Keine der Chinesinnen ragte hervor, aber der Ball schien sich von selbst von einer Spielerin zur anderen zu bewegen, und die Punkte hörten nicht auf zu steigen – bis zur Goldmedaille. Wie haben sie das gemacht? Sicher nicht, weil sie viele Mars-Riegel gegessen hatten! Vielleicht wird das Fernsehen eines Tages in der Lage sein, das Qi-Feld der Protagonisten in Sportveranstaltungen zu zeigen – durch Computer verarbeitet, mit knalligen Farben natürlich; vielleicht werden sie sogar in der Lage sein, die Konturen der Spieler zu löschen, so daß man nur noch den Tanz der bunten Energie bewundert. Eins ist auf jeden Fall sicher: Wenn die National Football League in Amerika, die Football

Association in England, die Fußball-Bundesliga in Deutschland und all die anderen professionellen Sportvereine der Welt endlich Qi Gong entdecken, dann werden Qi Gong-Meister als Coaches mehr denn je begehrt sein!

Während diese Form von Übungen – vom morgendlichen »Dehnen« bis zum ausführlichen Trainingspensum – im Fernen Osten in allen Schichten der Gesellschaft schon eine lange Tradition hat, fängt sie jetzt bei uns an, langsam salonfähig zu werden. In der CVJM (YMCA = Jugendzentrum) in San Francisco, in der Liste der alternativen Angebote, gibt es vier Sparten: Yoga, Karate, Taiji Quan und Qi Gong! Die San Francisco Chronicle, eine bekannte, international gelesene Zeitung, ließ vor kurzem einen ganzen Artikel über Qi Gong drucken, und zwar in den Sportspalten!

Es gibt klassische Sequenzen für Gesundheit und Fitness, Selbstmassage, Ba Duan Jin (die Acht Brokat-Übungen), die Wu Qin Xi (das Spiel der Fünf Tiere), und spezielle Formen wie »Wildgans«, »Fliegender Kranich«, »Schwimmender Drache«, jede mit ihren Besonderheiten, eigenen Zielen und Ergebnissen. Diese Formen zu beherrschen erfordert Disziplin, Geschick und Übung. Qualitäten, die allesamt in Asien hochgeschätzt werden.

Es ist sicher, daß in den nächsten Jahren unzählige verführerische Schauspielerinnen und Modelle ihre eigenen fluoreszierend-lycratop-modischen Qi Gong-Videokassetten herausgeben werden, daß Fernsehprogramme uns stundenlang Sendungen über in Stille sitzende orientalische Schönheiten zeigen werden, als Ersatz-Aerobics für den nächsten Fitness-Wahn. Der Prozeß unserer Entwicklung nimmt eigentümliche Wege!

Qi Gong und die Kampfkünste

Kampfkünste sind eine asiatische Spezialität. Auch wenn alle anderen Kulturen ihre Kampfstile entwickelten, ist dies in China bis zum äußersten getrieben worden. Es scheint, daß es dort nur wenig Sport-Wettkämpfe – wenn überhaupt – in der Form, die uns im Westen vertraut ist, gegeben hat. Die Entwicklung einer Meisterschaft in der »physischen Kultur« hat sich auf das Kämpfen so weit konzentriert, daß es zur Kunst geworden ist.

Nach der Ankunft des buddhistischen Lehrers Da Mo aus Indien im Shaolin-Kloster um ca. 500 n. Chr. begannen die Mönche, ihre physische Kraft durch das ›*Ändern der Muskeln und Sehnen*‹ und das ›*Waschen des Rückenmarks*‹ zu trainieren. Das Shaolin-Kloster wurde für seine Kampfkunststile und ihre geheimgehaltenen Techniken berühmt.

Ein anderer Anwendungsbereich des Qi Gong der Kampfkünste ist das sogenannte ›*Harte Qi Gong*‹. Vertreter dieser Techniken zeigen bühnenreife Kunststücke von Geschmeidigkeit oder erstaunliche Fertigkeiten, wie man sie manchmal in China auf der Straße beobachten kann, wo einige sich damit von den Passanten einen Obolus ergattern. Sie entwickeln die Fähigkeit, ihre Energie derart auf einen einzigen Punkt zu konzentrieren, daß sie in der Lage sind, dicke Backsteine mit dem Kopf zu zerbrechen, rasiermesserscharfe Speere zu biegen, die ein anderer ihnen auf der Kehle festgedrückt hält, oder sie können wie Fakire auf Betten von scharfen Messern liegen, im Kopfstand auf einem einzigen Finger balancieren... neben anderen nützlichen Tätigkeiten. Das Qi Gong der Kampfkünste hilft, einen starken Körper (wie im Eisenhemd Qi Gong) zu entwickeln, der in der Lage ist, schwere Schläge zu nehmen, ohne daß lebenswichtige innere Organe zu Schaden kommen. Das Eisenhemd Qi Gong trainiert die Faszien, die Muskeln und Organe umgeben, um dadurch einen undurchdringlichen Wall zu entwickeln. Man sagt, daß ein solches Training jemanden in die Lage versetzt, einen vollen Schlag ins Gesicht zu bekommen, ohne daß er dabei auch nur einen blauen Fleck zurückbehält.

Eine andere Anwendung ist das Taiji Quan, dieses elegante und anmutige ›*Schattenboxen*‹, das im Westen als die typische östliche Kampfkunst schlechthin bekannt ist. Es gibt zwei verschiedene Anwendungen: Taiji Qi Gong für Fitness und Gesundheit, in der Regel mehr von älteren Leuten geübt, und Taiji zu Kampfzwecken. Man sagt, daß große Meister, ohne sich physisch zu berühren, kämpfen können oder manchmal sogar, ohne sich zu bewegen: Sie stehen einander gegenüber und warten auf eine Öffnung oder eine Unterbrechung des Energiefeldes des anderen. Der Wettbewerb zwischen rivalisierenden Kampfkunstschulen, -stilen und -traditionen ist hart und intensiv. In Kampfkunstkreisen gibt es unzählige Geschichten darüber, wer wie und wann dies oder jenes vollbracht hat, die mit einem Enthusiasmus verbreitet werden, wie man ihn sonst bei Hooligans kennt.

Unter den Leuten, denen der Autor während seiner Recherchen für dieses Buch begegnete, befanden sich bei den Nicht-Asiaten mindestens ein Drittel, die zum Qi Gong durch Taiji gekommen waren, das sie meist schon sehr lange praktiziert hatten; tatsächlich behaupten viele Taiji-Lehrer, auch Qi Gong zu unterrichten, auch wenn dabei nicht klar zu erkennen ist, welche Form und mit welchem Können. Meistens handelt es sich um Äußeres Qi Gong oder Wai Dan, das Haltungen oder äußere Bewegungen für das Lenken der Energie, ihre Vermehrung und den Kraftaufbau benutzt; es ist kein echtes Nei Dan / Inneres Qi Gong für innere Entwicklung.

Qi Gong für Gesundheit und Wohlbefinden

Qi Gong ist ein Sammelbegriff für viele unterschiedliche Methoden.

Im Bereich Heilung gibt es zwei unterschiedliche Wege. Der erste ist der der sogenannten *›Heilenden Übungen‹*, mit genau festgelegten Bewegungsabfolgen, die präzise ausgeführt werden sollen. Je nach Symptomen und Konstitution werden Übungen für den Patienten zusammengestellt. Ich sprach mit einer chinesischen Lehrerin für Heilende Übungen des Qi Gong, die erzählte, daß sie ca. 50 Qi Gongs kenne, daß das aber im Vergleich zu ihrem Lehrer in Peking wenig sei, der mit 400 Qi Gongs arbeitet.

Bekannt ist, daß im heutigen China jeden Tag neue Formen und Anwendungen des Qi Gong entwickelt werden. Die chinesischen Qi Gong-Bücher mit medizinischem Schwerpunkt quellen von diesen Heilenden Übungen geradezu über.

Der zweite Weg ist unter dem Namen *›Wai Qi / Äußeres Heilen‹* bekannt; es wird von einem Praktiker bei einem *›Patienten‹* ausgeführt und besteht aus genauen Sequenzen von Handbewegungen und *›Behandlungen‹*, die sich an medizinischen Zwecken orientieren.
Das setzt ein tiefes und praktisches Wissen des Meridian- oder Energiesystems und der Prinzipien der fernöstlichen Diagnose und Behandlung voraus. Dieses Wai Qi findet man manchmal in Form von *›Fertigrezepten‹* und Behandlungsweisen für spezifische Fälle sowie auch in der *›Akupunktur nach Rezept‹*: Folgen Sie den Anweisungen, und das Problem ist gelöst! So gibt es Qi Gong für Asthma, Arthritis, Ischias, Kopfschmerzen, Nervensystem, Bewegungsapparat, Verdauungstrakt, Probleme mit dem Skelett oder den Muskeln und so weiter. Ausführliche Listen gibt es in den Qi Gong-Büchern, die jetzt auf dem westlichen Markt erscheinen.
Aufgrund seiner nahen Verwandtschaft zur Akupunktur und der wachsenden Anzahl von Akupunkteuren kann man sich leicht die Vorhersage erlauben, daß viele in nächster Zukunft den Titel *›Qi Gong-Heiler‹* auf ihrer Visitenkarte hinzufügen werden, weil die Teilnahme an Qi Gong-Heilausbildungen immer einfacher wird.
Im Fernen Osten gab es früher die Gepflogenheit, daß jemand in Qi Gong Kenntnisse erwarb, bevor er mit dem Studium der Akupunktur anfing: Der offensichtliche Grund dafür war, daß es kaum möglich ist, jemanden gut zu behandeln, wenn man es selbst nicht beherrscht, die Energie zu organisieren, zu bewegen, zu reinigen und zu behandeln.

Qi Gong und Sexualität

Sexualität ist für uns im Westen ein zugleich sehr verlockendes und sehr verwirrendes Bedürfnis. Es erzeugt Erregung, Aufregung, Desorientierung, Leidenschaft, Depression, Liebe, Zwänge, Freude... Jede menschliche Gefühlsregung kann in der Sexualität mitspielen, und dennoch haben wir wenig Kenntnis von den Hintergründen. Eins unserer Hauptprobleme ist sicher, daß wir unsere Sexualität nicht in Beziehung zu unserem Qi oder Energiesystem bringen; würden wir das, würde plötzlich alles anfangen, ein bißchen mehr Sinn zu machen. Der Versuch, Sexualität ohne das Energiesystem zu verstehen, ist wie ein unbekanntes Land zu erforschen, ohne dessen Sprache zu beherrschen und ohne Landkarte.

Sexuelles Qi Gong wird im fernöstlichen System integriert: Sexuelle Energie wird mit der urbewegenden Energie, mit der biologischen tierischen Seinsebene in Verbindung gebracht, die als Jing bekannt ist. Jing ist einer der Drei Schätze – Jing, Qi und Shen. Das Bewahren und die Pflege von Jing wird als wesentlicher Teil des Prozesses betrachtet, der zu höheren Ebenen von Energie und Spiritualität führt. Egal ob Sie ledig und allein, seit vielen Jahren verheiratet oder mit einem wilden und leidenschaftlichen neuen Liebhaber zusammen sind, es ist für Sie wesentlich, Ihr Jing zu verstehen und zu kontrollieren, und zu wissen, wie Sie es bewahren können.

Sexualität hat zwei Aspekte: Kultivierung als Single und Kultivierung mit Partner.

Kultivierung als Single

Das wichtigste Element dieser Kultivierung ist, das Jing nicht zu verlieren oder zu entladen, weil es Ihre machtvollste und kräftigste grundlegende Energie beinhaltet. Beim Mann ist es das Sperma; es gibt Reihen von Übungen, die Ihre Fähigkeit, nicht zu ejakulieren, steigern sollen, auch wenn Sie voll und ganz beim Geschlechtsverkehr »dabei« sind. Bei Frauen befindet sich das Jing im befruchtungsfähigen Ei und in den Sexualsekreten, also auch im Menstruationsblut; eine Frau kann lernen, ihre Sexualorgane zu stärken.

Kultivierung mit Partner

Hier wird vorausgesetzt, daß Sie mit einem Partner *›arbeiten‹*. In seiner besten Form ist der Geschlechtsverkehr ein Akt der Liebe. Sex ohne

Liebe ist wie eine Soße ohne Speise: Sie mag heiß und scharf sein, aber sie ernährt Sie wenig und kann einen komischen Geschmack hinterlassen. Der wesentliche Aspekt des sexuellen Austausches ist, daß eine sehr spezifische Energieharmonisierung stattfindet. Das ist vielleicht der Hauptgrund, warum Sexualität diese Stärke besitzt und uns so unwiderstehlich anzieht. Der Mann hat Yang Jing und die Frau Yin Jing, die im Geschlechtsakt ausgetauscht werden. Die Kultivierung des Jing zu zweit hat mit einer Kontrolle und einer Optimierung dieses Austausches von sexueller Energie zu tun. So kann die sexuelle Beziehung nicht nur auf der Ebene des Jing stattfinden, sondern sich auf die des Qi und des Shen ausbreiten (die Ebenen des Geistes und der Seele).
Qi Gong erlaubt es, die Sexualität aus ihrer ursprünglichen biologischen Ebene zu der emotionalen und sogar bis zur spirituellen Ebene zu erheben: Es ist überaus wichtig, diese Fertigkeiten zu erlernen. Wenn diese Qualitäten nicht entwickelt werden, ist die Liebe wie ein Baum, auf welchem die schönsten Früchte verfaulen, oder wie ein Garten mit prachtvollen Blumen, den man keines Blickes würdigt. Oder es kann zu einer zwanghaften Suche nach neuen Partnern kommen. Sexualität kann nicht nur unnötige Verwirrung und Leiden stiften, sie kann auch einem unserer größten Schätze zur Blüte verhelfen und uns mit den Mitteln ausstatten, etwas so Wünschenswertes zu nähren wie unsere höhere Liebe.

Qi Gong und Langlebigkeit

Eins der bekanntesten archetypischen Bilder Chinas ist das des alten Weisen, dessen Alter unmöglich zu schätzen ist. Ich bin solchen Männern in China oft begegnet. Es ist schwierig zu erraten, wie alt Menschen sind, besonders wenn sie in einem Kampfkunstwettbewerb ein halbes Dutzend junger Sprotten aus dem Ring befördern. Näher betrachtet, hat ihre Haut einen goldenen Glanz, ihre Augen funkeln, ihre Gelenke sind wie geschmiert, und geistig sind sie kristallklar. Diese Männer sind manchmal Väter von Siebzig- oder Achtzigjährigen.

Was für ein Kontrast zum Westen, wo mancher schon mit Vierzig so aussieht, als wär er sechzig: das Gehör wird schlecht, der Verstand schleppt sich hin, und die physische Kraft ebbt ab! Beobachten Sie es jetzt bei den nach dem Krieg im *›Baby Boom‹* Geborenen, die graue oder schon weiße Haare bekommen.

Langlebigkeit ist in China sehr hoch angesehen. Sie bedeutet, daß Menschen im Einklang mit dem Dao leben. Man sagt in China, es ist noch recht früh, mit 120 zu sterben. Krankheit ist keine notwendige Naturerscheinung des Alters. Es hängt alles davon ab, wie Sie üben und sich pflegen. Es hängt von der Qualität und der Menge Ihrer Essenz, Ihrer Energie und Ihres Geistes ab – Jing, Qi und Shen.

Es gibt viele Mittel, seine Gesundheit zu bewahren und eine gewisse Langlebigkeit zu erlangen – Qi Gong, Akupunktur, Kräuter, bewußte Ernährung, Meditation, ein Leben im *›Dao‹* –, aber das Ziel ist das gleiche: Die Energie soll optimal fließen.

Einer der besten Wege, dies zu erreichen, ist die regelmäßige Praxis von Qi Gong. Üben Sie jeden Tag. Bauen Sie es in Ihren Tagesrhythmus so ein, wie Sie sich jeden Morgen die Zähne putzen. Das ist der Grund, warum Millionen Chinesen ihre Übungen jeden Tag machen und warum die Parkanlagen jeden Morgen voll sind von Leuten, die sich langsam und anmutig bewegen, um ihre Energie zu bewahren und zu kultivieren – ihr Jing, Qi und Shen.

Hier spreche ich nicht von theoretischen Nettigkeiten, und es geht mir auch nicht darum, philosophische Haltungen oder Meinungen zum Ausdruck zu bringen; wir sprechen darüber, ob jemand mit Schmerzen und Unannehmlichkeiten lebt, ob er in der Lage ist, zu gehen, zu sehen und zu sprechen, ob er die letzten Jahre seines Lebens viele chirurgische Operationen über sich wird ergehen lassen oder ob er in der Angst lebt, seinen Geist und seine Würde zu verlieren. Ich spreche nicht über Ihre Eltern oder Ihre Bekannten, sondern von *Ihnen*!

Praktizieren Sie Qi Gong, und Sie werden sich selbst die beste Chance geben, bei voller Gesundheit alt zu werden.

Qi Gong und außergewöhnliche menschliche Fähigkeiten

Es ist anerkannt und durch die gesamte Weltgeschichte ausreichend belegt, daß bestimmte Leute hochentwickelte psychische und paranormale Fähigkeiten besitzen. Für Kinder handelt es sich um Legenden, Mythen, Märchen, Comicfiguren und Filme. Für Eltern sind es Hellseher, Weise, Schamanen, Heilige, Medizinmänner oder -frauen. Es gibt Menschen mit Fähigkeiten, für die es noch keine Erklärung im Rahmen der jetzt akzeptierten Gesetze der Wissenschaft gibt. Wir sprechen hier von paranormalen, jenseits des Normalen, jenseits des allgemein Akzeptierten liegenden Fähigkeiten. Diese Menschen haben hellseherische Fähigkeiten, sie können die Zukunft vorhersagen oder aus der Ferne heilend wirken.

Dieser Bereich wird seit kurzem in China sehr intensiv erforscht (wie auch in westlichen Universitäten oder wissenschaftlichen Kreisen). Es fanden Untersuchungen über die außergewöhnlichen Fertigkeiten von Qi Gong-Meistern statt.

Ein Erklärungsmodell dieser außergewöhnlichen Fähigkeiten beruht darauf, daß diese Meister auf einer höheren Ebene als der unserer normalen Wahrnehmungen und Erfahrungen operieren.

Probleme entstehen, wenn wir andere Seinsweisen berücksichtigen müssen und unsere Wahrnehmungen neu organisieren müssen. Solche Beispiele finden wir bei Völkern, in Kulturen, die Raum und Zeit anders erfahren als wir: Buschmänner, Aborigines oder Amazonas-Stämme. Sie scheinen in einem anderen Universum zu leben als wir. Das gleiche können wir bei Mystikern, Schamanen, Medizinmännern und -frauen erleben, die in andere Bewußtseinszustände eintauchen können, wo sie die normalen Zeit- und Raumdimensionen überbrücken und »alles eins wird«: Sie können Vergangenheit und Zukunft sehen, wissen, was andere denken und fühlen, und können über große Entfernungen Dinge beeinflussen. Sie schreiten aus dem normalen Rahmen der Zeit und des Raumes, der Ursachen und Wirkungen hinaus, in dem wir uns für gewöhnlich aufhalten und unsere Wurzeln haben.

Das hat mit der eigentlichen Natur unseres Wahrnehmungsapparats zu tun. Es ist absolut klar, daß unsere Sinnesorgane nur bestimmte Facetten aufnehmen; wir nehmen nur einen kleinen Teil des gesamten elektromagnetischen Spektrums wahr – nur einen kleinen Biß aus der ganzen Pizza. Außergewöhnliche Fähigkeiten haben mit den Möglichkeiten unserer Sinnesorgane und höherer Fertigkeiten zu tun, die weiter, höher und feiner arbeiten.

Durch Praxis und Kultivierung ist es möglich, unseren Wahrnehmungsapparat auf andere Frequenzen als die normalen *›einzustimmen‹*; dann sind wir in der Lage, Außergewöhnliches oder Paranormales zu vollbringen. Es scheint, daß eine Weiterentwicklung der Funktionen der Zirbeldrüse und der Hypophyse an diesem Prozeß mitbeteiligt ist. Es wurde vor kurzem von Endokrinologen gefunden, daß diese beiden Drüsen gewisse Spuren von Magneteisenerz enthalten, einem Bestandteil von Kompassen und eine wesentliche Komponente bei der Übertragung elektromagnetischer Wellen. Die höhere Schule des Qi Gong kümmert sich um die Kultivierung dieser beiden Drüsen. Praktiker können eine ganze Reihe von wundervollen Tätigkeiten wie das Entfalten eines Qi-Feldes darbringen, eines Energiefeldes, das ganze Hallen oder Sportstadien füllen kann. Auch im Westen sind wir vielleicht damit vertraut, ohne es zu wissen – produzieren Rock-Sänger, charismatische Persönlichkeiten oder Politiker, die ihr Publikum in ihrem Bann halten, solche Felder, ohne sich dessen bewußt zu sein? Wir besitzen alle das Potential, solche Fähigkeiten zu entwickeln. Fortgeschrittenes Qi Gong zielt sogar darauf ab.

Qi Gong und spirituelle Entwicklung

Spirituelle Kultivierung oder Spiritualität ist Bestandteil aller Kulturen, und jede Gesellschaft geht ihre eigenen Wege, um sich dem Spirituellen zu öffnen. Sie alle schützen ihre spirituellen Geheimnisse, halten sie verborgen und machen sie nur einigen sorgfältig Auserwählten und Eingeweihten zugänglich, die sich durch die Absolvierung bestimmter, ab-

sichtlich schwieriger Prüfungen würdig erweisen müssen. Wenn es einfach wäre, würde es jeder machen. Im Qi Gong-System werden diese Praktiken als *›Innere Alchimie‹* bezeichnet. Sie werden als Praktiken der höheren Ebene betrachtet, die höhere Seinsweisen entwickeln.
Zum Schutz dieses Wissens wurden im Laufe der Geschichte bestimmte Prozesse gewählt:

Wenig wurde schriftlich niedergelegt, damit niemand es finden und mißbrauchen konnte.
Geheimlehren wurden an die Schüler von den Lehrern nur mündlich weitergegeben; immer wieder wurden die Schüler getestet und die ungeeigneten ausgeschlossen. Dieses Wissen sollte nicht in die Hände derer fallen, die es ausschließlich für ihren persönlichen Vorteil oder zur Erweiterung ihrer Macht mißbrauchen würden.
Eine andere Vorsichtsmaßnahme war die Nutzung einer metaphorischen oder symbolischen Sprache. Auch wenn jemand in den Besitz von geheimen Texten gelangte, blieb ihm der Inhalt verschlossen, weil er zum Beispiel nicht herausfinden würde, was *›der Drache und der Tiger vereinen sich im Inneren Tiegel‹* zu bedeuten hatte.

Wenn Sie einem Eingeweihten über diese Stufen von Qi Gong Fragen stellen, wird er Sie entweder völlig ignorieren, eine ganz andere Frage beantworten, die Sie nie gestellt haben, er wird plötzlich überhaupt kein Englisch mehr verstehen, eine unverständliche Geschichte über jemanden und seinen Stier erzählen, Ihnen mit einem Stuhl auf den Kopf hauen, unkontrolliert lachen oder über das Wetter sprechen. Solche Fragen stellt man nicht. Man wartet – ein Jahrzehnt oder zwei.
Vor kurzem wurden zum erstenmal alte Texte ins Englische übersetzt: Bücher in einer einfachen und verständlichen Sprache über verschiedene Aspekte der *›Inneren Alchimie‹*; daoistische Lehrer fangen heute langsam an, Informationen weiterzugeben. Der Daoismus erlebt in China ein gewaltiges neues Aufleben und beginnt zum erstenmal für den Rest der Welt zugänglich zu werden.
Die daoistische Tradition zieht drei Körper in Betracht: den physischen,

den geistigen und den spirituellen. Alle drei werden durch spezifische Praktiken kultiviert. Sie können Ihren Energiekörper auf höhere Frequenzen und mehr Volumen bringen und dabei Ihren spirituellen Körper kultivieren.

Manchmal geschieht dies spontan während Meditationen, wie in *›Yin Shih Zu's experimentelle Meditation für die Gesundheitsförderung‹* beschrieben, einem Buch, das der Autor im Alter von zweiundachtzig Jahren schrieb:

»Die *›zentrale Stelle‹* vibrierte wieder, und es ereilte mich eine Art elektrischen Schocks, der in einem schräg liegenden eiförmigen Kreisbogen zwischen linker Schulter und linkem Bein pulsierte, so gewaltig, daß mein Bett dadurch erschüttert wurde; das Vibrieren wurde noch intensiver und hörte dann abrupt auf. Ich spürte dann eine andere Vibration hinter meinem Gehirn, die an der Wirbelsäule entlang hinunter wanderte und auf dem Steißbein abrupt zum Stillstand kam ... Zwei ovale schräge Felder auf der linken und rechten Seite meines Körpers zeigten, daß die vier psychischen Gefäße – Yin Qiao, Yang Qiao, Yin Wei und Yang Wei – sich zusammengeschlossen hatten. Ich verstand dann zum erstenmal die Verknüpfung der acht psychischen Kanäle mit dem Nervensystem und erlebte dabei, daß es um sie nichts Fiktives oder Unaussprechliches gab«.

Eine solche Meditationspraxis kann unbeabsichtigte oder spontane Bewegungen verursachen. In daoistischen Klöstern werden solche Übungen zur Entwicklung der spirituellen Kultivierung eingesetzt; es sind Übungen zur Reinigung der Energie, die die höheren Frequenzen aktivieren. Dieses Phänomen erklärt, warum Heilige oder sehr weit fortgeschrittene Übende vieler Kulturen mit einer Licht-Aura um den Kopf oder den ganzen Körper dargestellt werden – ihre Körper strahlen auf einer höheren Ebene als der Normalsterblichen und senden Photonen aus.

Qi Gong und die Unsterblichkeit

Die Suche nach der Unsterblichkeit ist Teil des Qi Gong. Sie wurzelt in den ältesten Traditionen Chinas, weit ursprünglicher noch als das, was in den frühesten schamanistischen Traditionen als Daoismus bekannt wurde. Da findet man Beschreibungen der Xian, dieser göttlichen, im Sonnenlicht lebenden Wesen, die kraft ihres Willens bis zum Ende des Universums reisten. Ausgefallene oder phantasiereiche Beschreibungen findet man in Überfluß im Volks-Daoismus. Ob sie nur einen idealisierten Seinszustand oder einen tatsächlichen Zustand des befreiten Geistes widerspiegeln sollen, ist unbekannt. Diese Geschichten sind tief in die chinesische Folklore und Mythologie eingebettet und repräsentieren bis zu einem gewissen Grade die Sehnsüchte der normalen Bevölkerung, ähnlich wie bei uns die Heiligen des Christentums.

Sie repräsentieren auch die Sehnsüchte mancher Qi Gong-Praktiker, die den Geist vom Körper befreien wollen, frei durch verschiedene Ebenen des Universums zu gleiten. Man glaubt, daß die Seele ihre Form und Integrität behalten und für immer befreit werden kann. Sie kann auch zurückkommen und wiedergeboren werden, ähnlich der buddhistischen Reinkarnation. Es gibt verschiedene Stufen der Vervollkommnung, wobei die höchstmögliche die völlige Befreiung darstellt. Nichtsdestoweniger gibt es auch andere niedrigere Stufen, wobei eine Integrität der individuellen Seele für begrenzte Zeit nach dem Tode beibehalten werden kann – etwa neunzig Tage –, bevor ihre Form anfängt, auseinanderzufallen.

Der tatsächliche Vorgang, der aus Gründen, die offensichtlich sind, geheimgehalten wird, hat mit der Verdichtung des Energiekörpers zu einer *›Perle‹* zu tun. Diese Perle ist die verdichtete Essenz all dessen, was wir sind, die gereinigte Substanz des Universums, die jeder von uns in sich birgt – der Funke, den wir *›Leben‹* nennen –, zu einem Ball veredelt. Die Seele kann dann trainiert werden, den Körper zu verlassen oder wieder zu bewohnen, während der Körper in tiefer Meditation verharrt. Es gibt Geschichten von Adepten, die ihre Körper in solch einem Zustand für eine längere Zeitspanne verlassen; obwohl sie weder

essen noch sich bewegen, bleiben sie warm und lebendig. Irgendwann, vielleicht nach Wochen oder Monaten, kehrt die Seele in den Körper zurück, die Augen öffnen sich, und der Übende kommt wieder zu sich. Man sagt, daß die Perle am Bai Hui-Punkt, dem Scheitelpunkt des Kopfes, den Körper verläßt und wieder betritt.
Wenn es dann wirklich Zeit ist, für immer zu scheiden, hat der Übende den Prozeß völlig unter Kontrolle und kann den genauen Zeitpunkt bestimmen, wann dies geschehen soll. Es gibt eine besondere Abfolge innerer Prozesse, während derer die Körperfunktionen nacheinander aussetzen und gleichzeitig die Seele zu einer Perle verdichten wird. Diese verläßt dann den Körper für immer, und der physische Körper *›stirbt‹*. Eine Beschreibung davon steht in den »Sieben Bambustafeln der wolkigen Mappe« von Deng Ming Dao:

»... Ein Fluß von Energie, mächtiger als irgend etwas auf der Welt ... eilte nach oben zum Schädel. Langsam ging sein Körper in die Nacht über. Die Arterien versackten. Die Organe hörten auf zu arbeiten und trockneten aus. Die Nerven verstummten. Jedwede Spur von Lebenskraft wurde nach oben gesogen. Dort wurde sie weggeschlossen. Der Körper schwand dahin. Die Sonne war im Kopf enthalten. Die drei Selbst wurden eins, bis die Seele, in einer mächtigen Verschmelzung, sich vom Anker löste. Der Prozeß dauerte etwa zwanzig Minuten.«

Dieser Glaube und diese Praktiken haben mit buddhistischen, christlichen und anderen spirituellen Traditionen der ganzen Welt Gemeinsamkeiten. Wenn wir auch die Mysterien von Leben und Tod vielleicht nie voll ergründen werden, so haben es doch die Daoisten mit Sicherheit zu tiefen und umfassenden Einsichten gebracht.

Zusammenfassung der Anwendungen

Jede Kategorie und Anwendung von Qi Gong – Fitness, Kampfkünste, Gesundheit und Heilung, Sexualität, Langlebigkeit, außergewöhnliche menschliche Fähigkeiten, spirituelle Entwicklung und Unsterblichkeit – wird aus ganz bestimmten Gründen genutzt und hat ihren eigenen Platz. Es ist nur die Frage, was wann für wen machbar und angemessen ist.

Es gibt in jeder Kultur Parallelen zum Qi Gong, z. B. das Ballett, die Tänzer haben das *›Anti-Schwerkraft-Qi Gong‹* gemeistert, ohne je davon gehört zu haben; Schwergewichts-Boxer haben sich das *›Eisenhemd-Qi Gong‹* erarbeitet, aber sie nennen es natürlich nicht so; Priester reinigen und verfeinern ihre *›Energiekörper‹* durch ihre tagtägliche Lebensweise, und kleine Kinder genießen *›Spontanes Qi Gong‹*, wenn sie sich recken und strecken und rollen und springen ... Jede erdenkliche Übung ist eine Art Qi Gong – Sie brauchen nur das Energiesystem der Meridiane ins Bild einzufügen.

Qi ist ein wesentlicher Aspekt unseres Wesens. Der Schlüssel, um das Qi zu kultivieren, liegt darin, herauszufinden, was für Sie heute angebracht ist, und es dann zu praktizieren.

Übung vier
An das Tor des Lebens klopfen

Aktivieren Sie die tiefe Ebene Ihrer ererbten Energie.

Ziel

Eine äußere, dynamische Wai Dan-Übung zur Stimulierung Ihrer tiefliegenden genetischen Energie; einmal geweckt, wird sie in die beiden Primärleitbahnen Lenkergefäß und Konzeptionsgefäß geführt und kann dann alle anderen Meridiane nähren.

Übungsanleitung

1. Stehen Sie aufrecht, die Füße schulterbreit voneinander entfernt. Lassen Sie die Arme entspannt und natürlich hängen. Klären Sie Ihren Geist. Die Augen sind auf mittlere Distanz gerichtet, ohne etwas genau zu fixieren. Der Blick ist sanft. Entspannen Sie sich.

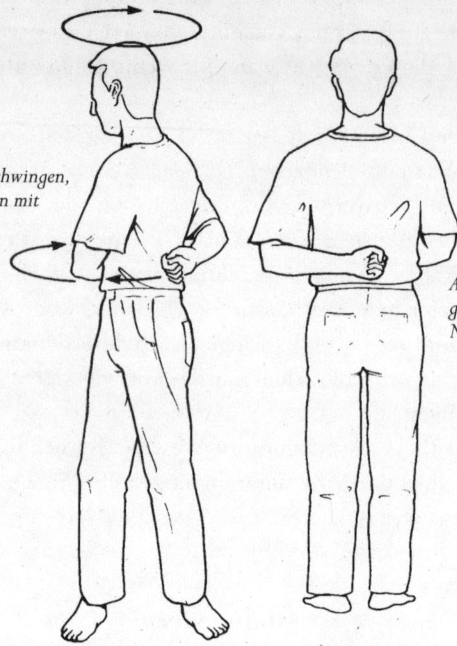

Abb. 14: An das Tor des Lebens klopfen

2. Fangen Sie langsam an, sich von einer Seite auf die andere zu drehen; es führen die Augen, gefolgt vom Kopf, den Schultern und dem übrigen Rumpf bis hin zum Becken. Lassen Sie diese schwingende Bewegung immer größer und schneller werden, und bleiben Sie dabei weich und geschmeidig. Ihre Arme sollten mitschwingen, sie folgen der Drehbewegung der Schultern.
3. Die Bewegung wird schneller, Ihre Ellenbogen bleiben locker geöffnet, biegsam und wie geölt, so daß Ihre Hände anfangen, vorn und hinten am Körper auf die Taille anzuklatschen.
4. Auf der Körpervorderseite berührt die Handfläche der nach vorn schwingenden Hand sanft die Taille auf der rechten bzw. linken Seite.

5. Auf der Körperrückseite führen Sie die rückwärtige Hand, sobald Sie den Schwingungsendpunkt erreichen, durch leichtes Beugen des Ellenbogens so, daß der Handrücken einen Punkt auf der Wirbelsäule zwischen dem zweiten und dritten Lendenwirbel – genauer gegenüber dem Nabel – trifft. Dies ist ein sehr wichtiger Qi Gong- und Akupunkturpunkt, genannt Ming Men / Tor des Lebens. Er ist mit den Nieren und der in ihnen gespeicherten Ur-Energie verbunden, welche Sie von Ihren Eltern ererbt haben. Diese Energie ist als ererbte Energie oder Yuan Qi bekannt, es ist eine sehr feine Energie. Sie können sie als Ihre genetische Energie betrachten. Durch diese Praxis wird sie aus den Tiefen der Nieren herausgezogen und ins Lenkergefäß geführt, das die Mittellinie Ihres Rückens hochläuft.

6. Fahren Sie fort, sich sanft und langsam zu drehen – und ans Tor des Lebens zu klopfen –, solange Sie wollen und sich wohl dabei fühlen. Diese Übung nutzt das einfache Moment der Drehung von einer Seite auf die andere, um Ihre tiefen Qi-Reserven zu stimulieren. Indem Sie auf den Ming Men-Punkt klopfen, bringen Sie diese vererbte Energie, das Yuan Qi, ins Innere des Lenkergefäßes und nähren damit auch alle anderen Meridiane. Diese Energie höchster Reinheit wird in den gesamten Energiekreislauf einbezogen, wo sie als Katalysator im Prozeß der Transformation der Himmelsenergie (Atmung) und der Erdenergie (Nahrung) in die essentielle Energie / Jing Qi fungiert, die dann ins gesamte Meridiansystem zirkuliert.

5.
Qi Gong und andere Übungssysteme

Für Qi Gong gibt es eine sehr breit gefächerte Palette von Anwendungen, die alle ihre eigenen Vorzüge, Schwerpunkte und Anwendungsbereiche haben. Qi Gong ist so umfassend, daß man schnell zu dem falschen Schluß kommen kann, daß es absolut alles beinhalte und daß man nur das und nichts anderes zu praktizieren bräuchte. Dieses Wissen ist jedoch lediglich im Rahmen einer einzigen Kultur, der Kultur Chinas, gewachsen und ist nur ein Weg, zu verstehen, wie unsere Energie funktioniert. Der Hauptgrund, warum wir im Westen keine Tradition haben, die dem Qi Gong äquivalent wäre, ist der, daß wir kein Energiemodell hatten, das dem Meridiansystem entsprach.

Das Meridiansystem wiederum ist kein vollständiges Bild unserer Körperenergie und auch nicht das einzige; andere Kulturen haben andere Systeme entwickelt, die ähnlich, aber doch anders sind und die den Boden für andere Praktiken und andere Traditionen bilden. Um Qi Gong genauer in seinen Kontext, sowohl kulturell als auch historisch, einordnen zu können, so daß wir von seiner Exotik weder hypnotisiert noch verführt oder mystifiziert werden, ist es notwendig, andere Körper-Energie-Systeme vergleichend zu betrachten.

Wir können in unserer eigenen Kultur viele ähnliche oder sogar vergleichbare Körper-Energie-Praktiken finden, auch wenn wir uns darüber nicht im klaren sind: wir üben, aber nennen es nicht Qi Gong; wir kümmern uns aktiv um unsere Gesundheit, aber nennen es nicht Qi Gong; wir beobachten Leute, die bemerkenswerte Fähigkeiten oder Kräfte haben, aber wir sprechen nicht von Qi Gong.

Wissenschaftliche und medizinische Forschung

Obwohl das Energiesystem mit stofflicher Anatomie nicht nachzuweisen ist, bedeutet das noch lange nicht, daß es nicht existiert. Existieren

Fernseh- und Rundfunkwellen? Erst dann, wenn wir die richtigen Instrumente haben, um den Nachweis zu führen. Bis vor kurzem gab es keine geeigneten Instrumente zum Nachweis von Körperenergie, so daß die Anhaltspunkte dafür zwangsläufig den Charakter von Anekdoten hatten. Jetzt aber erlangen diese Bereiche dank der Forschungsarbeiten, die in den letzten dreißig Jahren in Universitäten und Labors in USA, Rußland, Deutschland, England, Japan, China und anderen Ländern überall in der Welt durchgeführt wurden, wissenschaftliche Anerkennung. Man werfe nur einen Blick in die Arbeiten der drei amerikanischen Autoren Dr. Robert Becker »The Body-Electrics«, Dr. Richard Gerber »Vibrational Medicine« oder noch Dr. David Eisenberg »Encounters with Qi«; sehr interessant auch sind die Forschungsberichte von Dr. Bjorn Nordenstrom aus Schweden, Dr. Hiroshi Motoyama aus Japan oder Dr. Reinhard Voll aus Deutschland.

Heute wird eine klare Unterscheidung zwischen der stofflichen Anatomie (Muskulatur, Blut und Knochen, die Sie sehen und betasten können) und der feinstofflichen oder energetischen Anatomie getroffen. Diese wird von den Experten neuerdings als subtile Anatomie bezeichnet. Sie ist das fehlende Kapitel in Grays Anatomie, der anatomischen Bibel der westlichen medizinischen Wissenschaft. Ohne die Einbeziehung von subtiler Energie ergibt vieles keinen Sinn (und dies ist der Grund, warum sich immer mehr Menschen alternativen Behandlungsmethoden zuwenden, die ihnen die Erfolge bringen, die mit der Schulmedizin nicht möglich waren). Beziehen Sie die feinstoffliche Anatomie in das jetzt bestehende Bild der Schulmedizin ein, und es fügt sich auf einmal alles zu einem klar gegliederten und verständlichen Bild zusammen. Der Energiekörper ist das fehlende Glied in der Anatomie.

Wie wir wissen, ist das Universum außerhalb der Reichweite unserer gewöhnlichen Sinneswahrnehmungen – Sehen, Hören, Tasten, Riechen und Schmecken – riesig groß. Als menschliche Wesen sind wir so angelegt, daß wir die Welt um uns herum wahrnehmen, allerdings nur in einer sehr, sehr engen Bandbreite! Dennoch ist unser Geist fähig, weit über den Wahrnehmungsbereich unserer Sinnesorgane hinauszugehen – vom Mikro- bis hin zum Makrobereich – vom Elektronenmikroskop

bis zum Röntgenteleskop. Zum erstenmal können wir tief in die Struktur und weit bis an die Grenzen des Universums schauen. Dank des Wunders der Wissenschaft kennen wir jetzt das ganze (!?) elektromagnetische Spektrum. Man darf annehmen, daß es sich dabei um das handelt, was die alten Chinesen Qi, die Yogis Prana oder andere Kulturen wieder anders nannten.
Es wird klar, daß jede Zelle unseres Körpers eine individuelle *›Batterie‹* ist, die Energie speichert und verbraucht. Also sollten wir alle etwas über Speicherung und Entwicklung von Energie wissen. Alle Kulturen haben auf ihre Weise darüber Bescheid gewußt und es in ihren Körper-Energie-Modellen zum Ausdruck gebracht.
Jetzt taucht ein anderes Feld der Medizin, Bio-Elektromagnetismus genannt, auf, das jetzt schon intensiv angewendet wird: Echographie, Elektrotherapie, Elektromagnetische Resonanz usw. Und dennoch wird immer wieder die Frage gestellt, ob es so etwas wie Energie in unserem Körper gibt! Man darf den Kopf schütteln...

Qi Gong, andere Systeme der Körperenergie und der Energiekörper

Wir müssen jetzt einen Schritt zurückgehen und einen Blick auf das größere kulturelle Umfeld werfen. Bei allen Völkern der Welt, in allen Kulturen und wohl schon immer in der Geschichte war man sich der Körperenergie bewußt. Dieses Wissens- und Erfahrungsgut beinhaltet Verständnis und Weisheit, die tief im eigenen Körper und Wesen verwurzelt sind. Jeder hat ständig ein Laboratorium und einen Versuchspark zur Verfügung, wo er mit Energie experimentieren kann: sich selbst. Mag sein, daß jemand eine schöne, ruhige Stelle findet, sich hinsetzt und meditiert und sich darüber bewußt wird, wie sich seine Energie anfühlt... Aber die Wahrscheinlichkeit, daß er dabei die tiefsten Geheimnisse der inneren Energie entdeckt, ist ungefähr so groß wie die, daß der sprichwörtliche Affe dieses Buch schreiben könnte, wenn er nur über einen guten Computer mitsamt Gebrauchsanweisungen verfügte...

Modelle der Körperenergie in verschiedenen Kulturkreisen

Betrachtet man Qi Gong in einem größeren Zusammenhang, dann ist es nur ein möglicher Weg, eine Arbeitsweise, denn es gibt noch viele andere. Dazu kommt noch: Das Meridiansystem ist nur eines der drei wichtigsten Modelle der Körperenergie, die in verschiedenen Kulturen im Laufe der Geschichte entwickelt wurden.

Diese Modelle gleichen sich nicht wie ein Ei dem anderen. Sie sind unabhängig voneinander gewachsen, etwa so, wie verschiedene Kulturen ihre Sprache und ihr Alphabet entwickelt haben, besonders während der Perioden minimalen Austauschs.

Diese drei Modelle der Körperenergie sind voneinander verschieden, aber sie haben auch übereinstimmende Merkmale. Es ist wie mit der Sprache: Da gibt es Wörter, die man in keine andere Sprache übersetzen kann, und Begriffe, die sie mit keiner andern teilt; verschiedene Sprachen spiegeln verschiedene Weltanschauungen und Seinsweisen wider. Nichtsdestoweniger beschreiben alle Sprachen die gleichen grundlegenden menschlichen Erfahrungen.

Die verschiedenen Modelle der Körperenergie sind das Ergebnis des Wissens und der Weisheit ganzer Kulturen; über Generationen haben geniale Persönlichkeiten – die erleuchtetsten, begabtesten und begnadetsten – das Ihrige gegeben, bis ein allgemeines Verständnis der anatomischen und physiologischen Grundlagen des jeweiligen Modells möglich wurde. Die drei Modelle der Körperenergie wurden unabhängig voneinander in drei verschiedenen geographischen Gebieten entwickelt: im Fernen Osten, in Ostindien und im Westen. Wir kennen sie unter den Begriffen:

Meridiansystem
Chakrensystem
Aurafeld.

Hinter jedem der drei verbirgt sich ein eigener Wissensschatz mit eigenen Paradigmen und Parametern. Jedes besitzt seine eigene Anatomie und Physiologie. Jedes ist ein System für sich.

Es gibt offensichtlich Beziehungen und Entsprechungen zwischen den Chakren, dem Aurafeld und den Meridianen, die aber noch genau untersucht und verstanden werden müssen. Es gibt Meinungsverschiedenheiten, was Natur und Funktion dieser Modelle betrifft; aber so etwas ist nicht ungewöhnlich, wenn man Dinge jahrtausendelang geheimhält. Immerhin sind diese drei Modelle die Grundlage, auf der man sich das Wirken der Körperenergie vorstellt. Jedes ist auch die Basis und der Nährboden verschiedenster Methoden und Techniken, die sich im Laufe der Jahrhunderte als Wege der Beeinflussung oder Behandlung der Körperenergien entwickelt haben. Jetzt wollen wir diese Modelle beschreiben und unterscheiden und besser verstehen, wie sie zueinander in Beziehung stehen.

Die folgenden Ausführungen spiegeln mein Verständnis dieser drei aus verschiedenen Kulturkreisen stammenden grundlegenden Modelle der Körperenergie zur Beschreibung des Energiekörpers. Sie erheben nicht den Anspruch, endgültige Urteile zu sein; sie sollen vielmehr Denkanstöße geben und eine Annäherung an dieses wichtige und faszinierende Thema ermöglichen.

Das fernöstliche Meridiansystem

Das Meridiansystem ist die Grundlage der Qi Gong-Praxis; es ist aber auch die Basis für die fernöstliche Medizin, die Kampfkünste und die spirituelle Entwicklung. Das Meridiansystem findet im gesamten Fernen Osten große Verbreitung, nicht nur in China, sondern auch in Japan, Korea, Vietnam, Kambodscha, den Philippinen und so weiter. Es umfaßt ein Gebiet so groß wie die ehemalige UdSSR, Europa und Skandinavien zusammengenommen. Alle fernöstlichen Länder und ihre Milliarden von Einwohner beziehen sich auf diese Grundlage, dieses Wissen und dieses Verständnis des Meridiansystems und haben es auf ihre Art interpretiert und zu seiner Entwicklung beigetragen.

Die Leitsätze des Meridiansystems sind:

1. Es gibt zwölf Hauptmeridiane; jeder von ihnen steht in Verbindung zu einem bestimmten inneren Organ.
2. Es gibt acht Sondermeridiane; sie dienen als Energiespeicher.
3. Das Energiefeld, das die Körpergrenzen nach außen hin überschreitet, heißt Wai Qi; dieses Konzept ist aber nicht weiter differenziert.
4. Es gibt ein ganzes Spektrum von Beziehungen und Entsprechungen zwischen den Meridianen, Organen, Gewebearten, Sinnesorganen, Gefühlen und so weiter.
5. Es gibt drei Energie-›*Ebenen*‹: Jing, Qi und Shen.
6. Es gibt drei Energiezentren: im Unterbauch, in der Brust und im Kopf.
7. Zielgerichtete Energiearbeit bereitet den Boden für geistige und spirituelle Entwicklung.

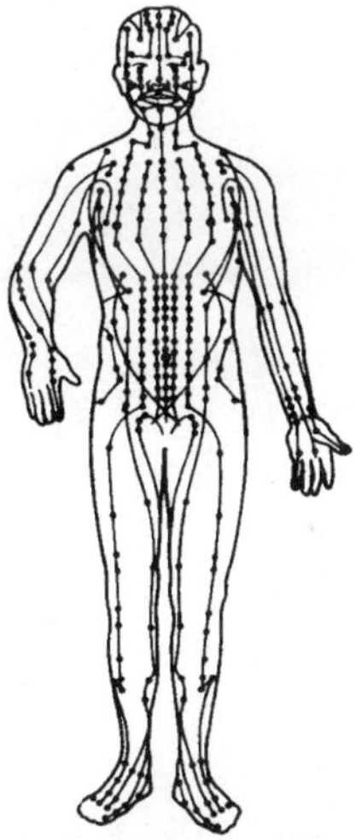

Abb. 15: Das Meridiansystem

Die Chakren sind die Grundsteine der indischen spirituellen und religiösen Traditionen wie Hinduismus und Buddhismus, und sie bilden den Kern von Praktiken wie Yoga und Ayurveda. Es herrscht aber keine breite Übereinstimmung über die Anatomie des Chakrensystems. Wie die Daoisten sind die Yogis für ihre außergewöhnlichen Fähigkeiten und ihre spirituelle Entwicklung bekannt, die in erster Linie darauf beruhen, daß sie ihre Energie gut beherrschen. In vieler Hinsicht sind sich Yoga und Qi Gong ähnlich. Hier eine Übersicht der Grundzüge dieses Systems:

1. Es gibt sieben Hauptchakren.
2. Jedes Chakra hat einen eigenen Namen und einen spezifischen Ort.
3. Jedem Chakra wird eine endokrine Drüse zugeordnet.
4. Jedem Chakra wird ein Organ (oder mehrere Organe) und bestimmte Körperareale zugeordnet.
5. Jedes Chakra besitzt emotionale und psychische Kennzeichen.
6. Die Funktionen der Chakren sind hierarchisch geordnet.
7. Die Chakren stehen in Beziehung zu Geist und Seele.

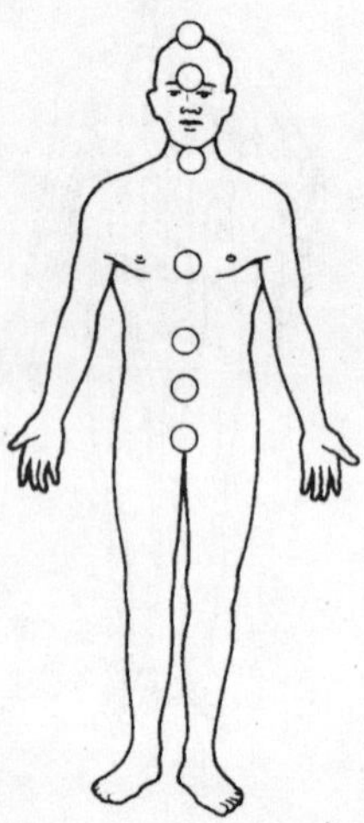

Abb. 16: *Das Chakrensystem*

Das Yogasystem enthält neben diesem zentralen Konzept der Chakren noch andere Energiekonzepte – die Kundalini, die Nadis usw., aber es würde zu weit gehen, darüber zu berichten.
Das Chakrensystem gehört zur Basis der Yogapraxis und aller spirituellen Traditionen Indiens. Es ist ein unabhängiges und in sich geschlossenes Modell der Körperenergie mit einem breiten Angebot an Methoden und Anwendungen. Seine Ursprünge liegen in vorgeschichtlicher Zeit.

Das westliche Aurafeld

Das Aurafeld beinhaltet die Energie, die um den Körper und von innen nach außen fließt. Dieses Konzept ist in der westlichen esoterischen Tradition hoch entwickelt und ist auch Bestandteil des indischen Modells. Ansonsten gibt es aber fast keine Entsprechungen zum Meridiansystem.
Das Aurafeld kann man sich zunächst so vorstellen, daß es ein Energiefeld oder ein Kokon ist, der den Körper umgibt. Man findet die verschiedensten Meinungen darüber, welche Schicht was leistet und warum. Man kann dieses Phänomen als ein elektromagnetisches Feld beschreiben, das von einem zentralen Kern ausgeht.
Die Beschreibungen der Anatomie und der Physiologie der Aura stimmen in folgenden Punkten überein:

1. Es gibt sieben verschiedene Ebenen.
2. Die Ebenen unterscheiden sich hinsichtlich ihrer Frequenzhöhe und -feinheit.
3. Die Ebenen beziehen sich wie Töne eines Akkords aufeinander.
4. Jedes Feld hat seine spezifische Farbe, die in ihren Schattierungen den Zustand des Feldes widerspiegelt.
5. Die Felder stehen in einer hierarchischen Beziehung zueinander.
6. Die Felder sind mit den Chakren verbunden.
7. Es wird im allgemeinen angenommen, daß die äußeren Felder etwas mit dem, was wir Geist und Seele nennen, zu tun haben.

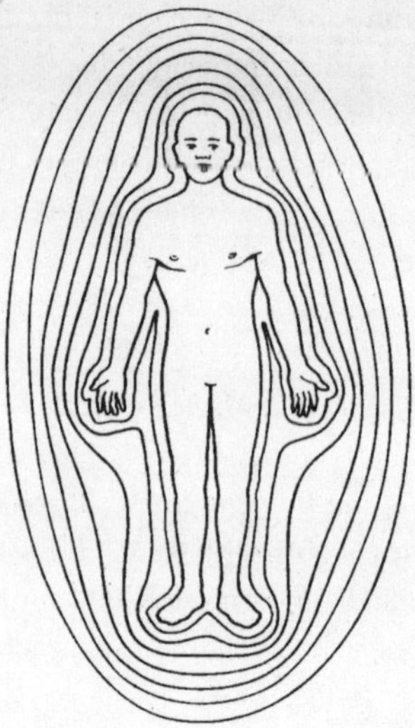

Abb. 17: Das Aurafeld

Die Aura geht über die Körpergrenzen hinaus wie ein Fühler und ist die Verbindung, über die äußere Energien und Einflüsse den Körper erreichen – seien es Schwankungen des magnetischen Feldes der Erde oder seien es Hochspannungsleitungen.
(Eine Form von Aura-›*Reinigung*‹ wird intuitiv und so gut wie unbewußt überall auf der Welt von fast jedem praktiziert: in der Natur spazierenzugehen. Ob man es weiß oder nicht, das Aurafeld wird in der Natur gereinigt; deshalb fühlen wir uns ›*erfrischt*‹.)
Zusammenfassend läßt sich über das Aurafeld sagen, daß es sich um ein unabhängiges Modell der Körperenergie handelt, das seine Wurzeln im indischen Chakrensystem hat und in den esoterischen Traditionen des Westens bis in die feinsten Feinheiten hinein differenziert wurde.

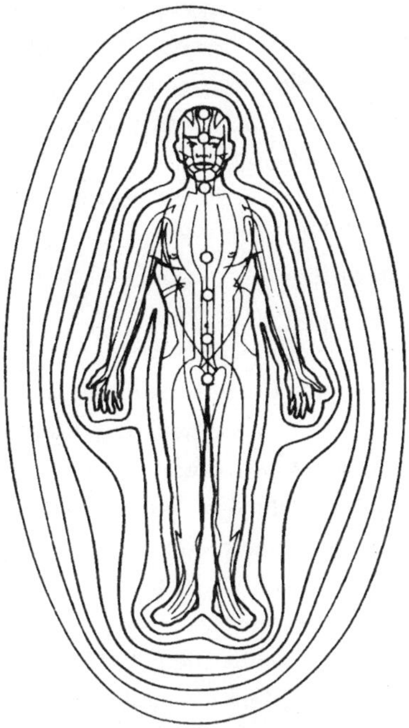

Abb. 18: Die Gesamtschau der drei Modelle der Körper-Energie, die den Energie-Körper bilden

Der Energiekörper

Die drei *›Modelle der Körperenergie‹* entwickelten sich unabhängig voneinander in Zusammenhang mit ihrem kulturellen Hintergrund. Jedes von ihnen ist in sich komplett, jedoch kann keines für sich beanspruchen, allumfassend zu sein. Wenn man sie aber wie in Abb. 18 kombiniert, dann ergibt sich plötzlich ein vollständiges Bild des Energiekörpers.
Vielleicht werden wir heute dank der modernen Möglichkeiten der Kommunikation, Informationsverarbeitung und wissenschaftlichen Forschung beginnen zu verstehen, wie diese drei Modelle der Körperenergie miteinander zusammenhängen und in welcher Weise sie

gemeinsam den Energiekörper ausmachen. Das würde große Auswirkungen haben, da die Gesundheit des Energiekörpers ganz klar die Voraussetzung für unser Wohlergehen ist. Dies könnte die neue Definition unseres Gesundheitszustands werden und der nächste Schritt in der Evolution der Menschheit.

Potpourri der Neuentwicklungen

Um das Bild zu vervollständigen und zu aktualisieren, erscheint es angebracht, die neuen Entwicklungen zu beschreiben.

Zu diesen mehr traditionellen Methoden und Techniken der Arbeit mit Körperenergie, die wir uns gerade angesehen haben, sind in den letzten Jahren unzählige Neuschöpfungen hinzugekommen. Sie sind aus den Bewegungen der Naturheilkunde und im Rahmen der *›Ganzheitlichkeit‹* wie auch als Nebenprodukte der sehr breiten, überall auf der Welt gleichzeitig aufgetauchten New Age-Bewegung entstanden.

Einige sind einfach neue Namen, die man alten Systemen übergestülpt hat, andere sind aus verschiedenen Techniken zusammengestückelt, und einige sind echte Neuschöpfungen. Einige sind gesetzlich geschützt: Jemand hat eine Technik erfunden und gab ihr einen Namen, und jetzt will er davon leben.

Hier einige Bezeichnungen, die in letzter Zeit bekannt wurden: Energy Balancing, Biokinesiologie, Psycho-Physikalische Therapien, Bio-Energetik, Core Energetics, Körperzentrierte Psychotherapie, Heilende Berührung, Touch for Health, Shiatsu, Jin Shin Jyutsu, Reiki . . .

Einiges davon wirkt hervorragend, einiges nicht. Es hängt wesentlich von der Erfahrung, dem Geschick und den Fertigkeiten des Praktikers ab. Wenn Sie eine dieser Techniken ausprobieren wollen, richten Sie sich nach Ihrem eigenen Urteil und Ihrer Intuition und nach Ihren bisherigen Erfahrungen.

Es gibt ein neues System, das sich unter strikter wissenschaftlicher Prüfung entwickelt hat und das man als westliches Qi Gong-Äquivalent einstufen kann; es wird jetzt zunehmend anerkannt und findet Eingang in die westliche medizinische Wissenschaft. Gerade wegen dieser Anerkennung in medizinischen Bereichen und der Anwendungsmöglichkeiten, die sich dadurch eröffnen, will ich diese Technik näher beschreiben: Es handelt sich um *›Therapeutic Touch‹*. So wie man Qi Gong als das *›Therapeutic Touch der Chinesen‹* bezeichnet hat, so könnte man *›Therapeutic Touch‹* als *›Qi Gong des Westens‹* bezeichnen.

Therapeutic Touch

ist zugleich eine medizinische Wissenschaft und eine Heilkunst und beschreibt eine große Palette von Techniken der natürlichen Heilung. Therapeutic Touch beinhaltet sowohl alte wie auch moderne Heilmethoden, die auf einem energetischen Austausch zwischen Patient und *›Heiler‹* beruhen. Diese Techniken sind sehr unterschiedlich, es gehören dazu Aura-Klärung, Zentrierung, Chakren-Balancierung, Focusing, Heilende Rituale, Befreiung von Traumata und vieles andere. Diese Methoden und noch andere sind der *›Medikamentenkoffer‹* des Therapeutic Touch, das sich immer weiter entwickelt, weil immer mehr Forscher im Laufe ihrer klinischen Erfahrungen neue Dimensionen eröffnen, erschaffen und entwickeln.

Dolores Krieger, eine Dozentin für Krankenpflege, und ihre Partnerin Dora Kunz haben diese neue Bewegung in Gang gesetzt. Es ist ihren Bemühungen und ihren klinischen Erforschungen zu verdanken, daß Therapeutic Touch als anerkanntes Fachgebiet im Curriculum der Universität von New York einen Platz gefunden hat. Jetzt wird es in zahlreichen Universitäten, Fachhochschulen oder privaten Organisationen in den USA gelehrt und ist in Krankenhäusern oder anderen klinischen Einrichtungen eine voll anerkannte Therapieform. Den Titel *›Nurse Healer‹* (übersetzt etwa Krankenschwester-Heilerin) hat man sich dafür ausgedacht.

Therapeutic Touch ist bei vielen Krankheitsbildern erfolgreich, allein oder in Kombination mit anderen Techniken wie Qi Gong, Akupunktur, Kräuterbehandlungen oder anderen Verfahren. Dabei kann es sich um

rein physische Probleme, emotionale Schwierigkeiten, mehr mentale Ungleichgewichte oder spirituelle Angelegenheiten handeln.
Ein anderer wichtiger Aspekt ist, daß diese Verfahren nicht auf den professionellen Bereich begrenzt sind, so daß jeder Laie, der bereit ist, sich dafür zu engagieren, sie auch lernen und anwenden kann. Jeder von uns ist ein Heiler. Mütter können es bei ihren Kindern anwenden; Partner können sich gegenseitig behandeln; im Bekanntenkreis kann man es anwenden und sich um den einen oder anderen kümmern, seine Fürsorge zeigen; Sie können es sogar bei Ihren Haustieren anwenden. Am Ende dieses Buches finden Sie eine Übung des Therapeutic Touch zur *›Entwicklung von Qi in Ihren Händen für Heilungszwecke‹*.
Therapeutic Touch ist auch für den, der es ausübt, sehr gut: Es hilft, die eigenen Kanäle zu klären, die Empfindlichkeit für die Energie zu erhöhen, auch auf höheren Ebenen, so daß wir mehr Mitgefühl, Liebe und Intuition bekommen – kurzum, wir fangen an, aus unseren höheren Dimensionen heraus bewußter zu leben. Therapeutic Touch zu lernen bedeutet, eine Sprosse auf der Leiter der persönlichen Entwicklung höher zu kommen.

Therapeutic Touch (TT) und Qi Gong

Offensichtlich hat TT sehr viele Berührungspunkte mit der Qi Gong-Heilkunst. Große Ähnlichkeiten gibt es sowohl in der Herangehensweise wie auch in der Technik; eigentlich sind sie wie Bild und Spiegelbild. Aber während Qi Gong-Heiler im Meridiansystem ein fest verankertes Modell der Anatomie und der Physiologie benutzen, haben westliche Heiler und Praktiker des TT eine intuitivere und mehr erfahrungsorientierte Herangehensweise entwickelt. Wahrscheinlich könnten aber Praktiker beider Systeme vom anderen profitieren. In China ist die Qi Gong-Heilkunst wichtiger Teil des Lehrplans vieler traditioneller medizinischer Ausbildungen; sie ist aber als solche bei uns kaum zu erlernen, obwohl sie Schlagzeilen macht und als *›medizinisches Qi Gong‹* und *›Qi Gong-Heilkunst‹* in den Westen vordringt.

In dem Body-Energy Center, das ich mit meiner Frau Damaris Jarboux in Boulder, Colorado, leite, bildet das ABC der Qi Gong-Meditation die Voraussetzung für das Erlernen der höheren Stufen des Therapeutic Touch und der *›Körper-Energie-Praktiker‹*-Ausbildung, die wir anbieten. Wir haben durch unsere klinische Erfahrung herausgefunden, daß das Miteinbeziehen von Qi Gong die Wirksamkeit des TT sehr erhöht. Es ist auch festgestellt worden, daß das Miteinbeziehen des TT in der Praxis der Akupunktur die Wirksamkeit der Behandlung begünstigt, so daß jetzt Akupunkteure beginnen, TT zu erlernen, um es in ihrer täglichen Praxis einzusetzen. Einerseits ist das eine bahnbrechende Arbeit, andererseits aber ist es eine medizinische Tradition, die in China seit Jahrhunderten – als Qi Gong-Heilkunst – vermittelt wird.

Infolgedessen...

Im Lichte des vorher Gesagten – des gesammelten Wissens und der Erfahrungsschätze aller wichtigen Kulturen und Traditionen der Welt bezüglich der Körperenergie – steht es außer Frage, daß die Kultivierung des eigenen Energiekörpers die Basis einer spirituellen Entwicklung darstellt. Es könnte sehr wohl sein, daß der Energiekörper die Anatomie und die Physiologie des Geistes und der Seele darstellt.

Qi Gong ist ein komplettes System. Es ist etwas, was Sie für sich lernen; einmal gelernt, gehört es Ihnen für immer. Es ist keine abstrakte Idee, sondern eine Sammlung von praktischen Übungen, Techniken und Fertigkeiten, die es verlangen, gelernt und kultiviert und vor allem durch Praxis in das tägliche Leben integriert zu werden. Es ist nichts, was Sie nur intellektuell ›wissen‹. Es muß zu einem Teil Ihrer Erfahrung und Ihres Wesens werden. *SIE MÜSSEN ES AUSPROBIEREN!*

Übung fünf
Energie auftanken

Verwenden Sie diese Haltungen, um Kraft herzustellen, und lernen Sie dabei, Ihre Energie im Körperinnern zu lenken.

Ziel

Diese externe Wai Dan-Haltung zielt darauf ab, Ihr Qi zu mehren und zu stärken, Konzentration zu entwickeln und unter Ausnutzung der geometrischen Verhältnisse des Körperbaus Energie in die drei Hauptzentren – die drei Felder der Kultivierung des Elixiers – zu lenken, zu sammeln und zukonzentrieren.

Übungsanleitung

1. Stehen Sie ruhig und entspannt, die Füße schulterbreit voneinander entfernt und parallel nach vorn gerichtet, die Knie entspannt. Lassen Sie Arme und Hände natürlich und entspannt hängen. Leeren Sie Ihren Geist, lassen Sie störende Gedanken vorbeiziehen. Männer schauen nach Norden, Frauen nach Süden. Wenn es nicht anders geht, kann diese Übung auch im Sitzen ausgeführt werden.
2. Öffnen Sie mit Ihrer Vorstellungskraft den Punkt am Scheitel des Kopfes – das Treffen der Hundert Punkte / Bai Hui –, und lassen Sie das *›Qi des Himmels‹* in sich hineinströmen.
3. Öffnen Sie mit Ihrer Vorstellungskraft den Punkt in der Mitte der Fußsohle – die Sprudelnde Quelle / Yong Quan –, und lassen Sie das *›Qi der Erde / des Bodens‹* in sich hineinströmen.
4. Mit Hilfe Ihrer Vorstellungskraft lassen Sie die Himmelsenergie am Hinterkopf und am Nacken hinunterströmen; lassen Sie dann die Erdenergie über die Rückseite der Beine und des Beckens mittig am Rücken, dem Verlauf des Lenkergefäßes folgend, hochwandern – so daß beide Energien am Übergang von Nacken und Schultern (in Höhe des siebten Halswirbels) eins werden. Dieser Punkt heißt der Große Hammer / Da Zhui.
5. Heben Sie Ihre Hände, Handflächen nach innen gerichtet, als hielten

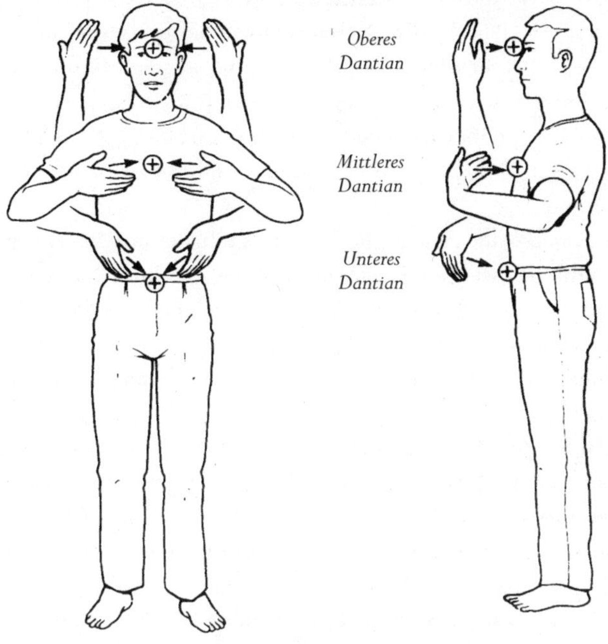

Abb. 19: Energie aufladen

Sie einen großen Ball. Die Hände sind etwa 7,5 bis 15 cm voneinander entfernt. Sie sind jetzt auf Brusthöhe. Die Ellenbogen sind gebeugt, rund, elastisch und sanft entspannt.

6. In dieser Haltung ist der Punkt in der Mitte Ihrer Handflächen, der Palast der Arbeit oder der Besorgnis / Lao Gong, auf Brusthöhe und strahlt in Richtung Brustbeinmitte. Der Punkt in der Handfläche ist ein sehr mächtiger Punkt. Er wird oft benutzt, um zu heilen und Energie zu übertragen. Er ist ein Sammelort für Qi. Durch diese Übung können Sie sich kraft dieses Punktes selbst kräftigen und aufbauen.

7. Lassen Sie im Geiste die Energie von Himmel und Erde, die Sie im Schulter-Nacken-Bereich konzentriert haben, durch die Arme hindurch bis in die Handflächen strömen.

8. Bleiben Sie in dieser Stehhaltung, und fokussieren Sie die aus dem Zentrum Ihrer Handflächen ausstrahlende Energie in die *›Brustmitte‹* / Shan Zhong. Dieser Punkt auf Ihrer Brust ist das *›Mittlere Feld des Elixiers‹*, ein sehr wichtiges Energiezentrum Ihres Brustkorbs, das Ihre Herz- und Lungenenergie beeinflußt und kontrolliert. Atmen Sie langsam und regelmäßig. Bleiben Sic in dieser Haltung, solange Sie wollen oder können.

9. Sie haben jetzt eine Haltung herbeigeführt, in der Ihre Energie in einer Leitungsschleife zwischen Ihren Handflächen und Ihrer Brust zirkuliert und beginnt, sich anzusammeln. Vielleicht nehmen Sie diesen Vorgang als allmähliche Verdichtung wahr. Je länger Sie stehen, desto stärker wird dieses Gefühl. Halten Sie es, solange es Ihnen angenehm ist – und noch ein klein bißchen länger.

10. Lassen Sie die Hände bis knapp (5 cm) unter die Höhe des Bauchnabels sinken, und fokussieren Sie das *›Meer des Qi‹* / Qi Hai. Es handelt sich dabei um das Untere Dantian oder *›Untere Feld des Elixiers‹*. Halten Sie diese Position, solange es Ihnen angenehm ist – und noch ein bißchen länger. Lassen Sie Ihre Energie in diesem Punkt wachsen. Er ist das Hauptenergiezentrum Ihres Unterbauchs – er beeinflußt und kontrolliert alle Organe im unteren Bauchraum und dient dem Aufbau Ihrer essentiellen Energie.

11. Bringen Sie jetzt Ihre Arme und Hände zurück auf Brusthöhe. Lassen Sie die Oberarme in dieser Position, und führen Sie die Unterarme senkrecht nach oben. Die Ellenbogen bilden jetzt einen rechten Winkel. Ihre Finger zeigen nach oben, und Ihre Handflächen weisen auf Ihr Gesicht. Der Punkt im Zentrum Ihrer Handflächen ist jetzt in Augenhöhe, und Ihre Hände sind etwas weiter auseinander, als Ihr Kopf breit ist.

12. In dieser Haltung richten Sie mit Ihrer Vorstellungskraft den Energiestrahl aus Ihren Händen zum Punkt zwischen den Augen, dem sogenannten Dritten Auge. Fühlen Sie, wie das Qi sich dort sammelt. Dieser Punkt heißt Ursprüngliche Höhle des Reinen Geistes / Yin Tang. Er ist mit der Hypophyse, dem Gehirn und dem Bewußtsein verbunden.

13. Bleiben Sie in dieser Haltung so lange wie möglich – und dann noch ein bißchen länger. Fühlen Sie das Qi.

14. Führen Sie die Hände abwärts, und legen Sie sie auf den Nabel – Männer erst die linke und dann die rechte Hand darauf, Frauen umgekehrt. Atmen Sie langsam und regelmäßig. Achten Sie auf Ihre Empfindungen. Finden Sie ein Wort, ein Bild oder ein Symbol, das Ihren jetzigen Zustand gut beschreibt, und behalten Sie es im Gedächtnis.

Halten Sie diese Positionen, solange es für Sie bequem ist. Man kann sie eine Stunde lang halten – oder sogar länger. Je länger, desto größer Wirkung und Ertrag.
Sie haben jetzt eine Übungssequenz absolviert, die Ihre Energie aufbaut und verstärkt. Sie wird Sie schnell erfrischen, wenn Sie sich müde fühlen. Die Sequenz zu üben ist, als würden Sie einen Tag am Strand verbringen oder als würden Sie sich an ein Kraftwerk anschließen und sich wieder aufladen lassen. Ihre Kraft und Klarheit nehmen sofort zu. Versuchen Sie's!

6.
Qi Gong und Übung

Jetzt kommen wir zum Wichtigsten, zum springenden Punkt. Sie müssen üben! Es handelt sich hier nicht um etwas, was Sie nur im Kopf haben oder worüber Sie nur zu sprechen oder zu lesen brauchen. Es handelt sich nicht nur um eine intellektuelle Tätigkeit. Sie müssen es tun. Sie müssen sitzen, liegen oder stehen und den Anweisungen folgen. Sie müssen praktizieren. Nur durch tatsächliche Übung ist es möglich, ein Gefühl davon zu bekommen, was hier besprochen wird. Meine Hoffnung ist, daß diese Worte, dieses Buch, Sie informieren, bilden, inspirieren und motivieren, einen Lehrer, ein Buch oder eine Kassette zu finden und zu praktizieren. Es ist irrelevant und einfach witzlos, nur theoretisches Wissen anzusammeln ohne konkrete Erfahrung. Tun Sie's!
Wenn Sie Qi Gong praktizieren, treten Sie in eine Welt von Empfindungen und erhöhter Bewußtheit für Ihre Bewegungen hinein, die Sie früher vielleicht nicht wahrgenommen haben. Es ist wie eine Geburt in eine neue Seinsweise. Einige neue Empfindungen sind anderen, früheren ähnlich, die Sie tagtäglich erlebt haben, und andere werden völlig den Rahmen Ihrer bisherigen Erfahrungen sprengen. Ihre Wahrnehmung und Ihr Scharfsinn werden sich mit der Praxis verfeinern. Am Anfang werden Sie möglicherweise nichts Besonderes merken, aber mit fortschreitender Übung werden Sie ein Gespür und eine erhöhte Bewußtheit entwickeln für das, was stattfindet.
Die Energie, die sich in Ihrem Körper bewegt, kann sich Ihnen auf ganz unterschiedliche Weise mitteilen:

Sie kann sich wie fließendes Wasser anfühlen.
Sie kann ein Kribbeln oder ein Prickeln erzeugen.
Sie kann als Farbe erscheinen.
Sie kann ein Gefühl von Gewicht erzeugen – leicht oder schwer.
Sie kann sich wie ein warmer Strom anfühlen.

Es ist bei jedem und jeden Tag anders. Es hängt von inneren Faktoren ab, z. B. tendieren manche mehr dazu, mit ihrem inneren Auge zu *›sehen‹*, andere *›hören‹* einen Dialog, während wieder andere mit abstrakten Symbolen und Formeln jonglieren. Ihre Art, wie Sie diese Empfindungen interpretieren oder bewerten, steht in Beziehung zu Ihrem inneren Kommunikationssystem, zu Ihren inneren Mustern; Ihre Art, diese Erfahrungen zu bearbeiten, ist automatisch die, die für Sie richtig ist. Folgen Sie Ihren Gefühlen, Empfindungen und Ihrem *›Instinkt‹*.

Durch kontinuierliche Praxis werden Sie ein stärkeres und klareres Gespür für Ihre Energie und für die Aufmerksamkeit, die ihr gebührt, entwickeln. Am Anfang werden sich diese Empfindungen nur andeuten, manchmal so diskret, daß Sie nicht sicher wissen, ob Sie tatsächlich etwas fühlen oder nicht. Aber mit der Zeit wächst dieses Bächlein zu einem Fluß, der zu einem Strom wird und sich zu einem Energie-Ozean ausweitet.

In den Anfangsstadien Ihrer Praxis werden Sie sich häufig fragen, ob Sie überhaupt etwas wahrnehmen, und wahrscheinlich üben Sie nur deswegen weiter, weil Sie der Überzeugungskraft Ihres Lehrers einen gewissen Vertrauensvorschuß gewähren. Das Beste ist, eine offene Geisteshaltung einzunehmen, aus der heraus Sie einfach das, was notwendig ist, tun, statt es in Frage zu stellen. Als Anfänger sollten Sie Ihrem Lehrer vertrauen und seinen Anleitungen folgen. Für die kritischsten Geister unter Ihnen empfiehlt sich, Ihren natürlichen Widerspruchsdrang während der Übungen im Zaume zu halten; danach sollten Sie ihm wieder freien Lauf geben.

Empfehlungen und Vorsichtsmaßnahmen

Einer der Gründe für die Geheimhaltung von Qi Gong ist, daß das Üben, obschon enorm nutzbringend, auch gefährlich sein kann. Wenn Sie verkehrt üben, laufen Sie Gefahr, unangenehme Konsequenzen hervorzurufen, die vom banalen Unwohlsein bis zu lebensgefährlichen Krankheiten reichen. Das ist ein Grund, warum die chinesische Regie-

rung jetzt versucht, Kontrolle über die Lehrer zu bekommen. Alles hängt davon ab, daß man die Übungen korrekt ausführt, und dies wiederum hängt davon ab, ob man einen guten Lehrer gefunden hat. Es ist wesentlich, unter erfahrener Anleitung zu üben. An dieser Stelle möchte ich einige unerwünschte Effekte, die beim Üben auftreten können, und die damit verbundenen Probleme, Gefahren und Vorsichtsmaßnahmen erwähnen. Jeder sollte dies bitte sorgfältig beachten. Die Chinesen nennen sie die *›Kurs-Abweichungen‹*.
Vorsichtsmaßnahmen und Gegenanzeigen:

Praktizieren Sie nicht, wenn Sie emotional aus der Balance sind.
Praktizieren Sie nicht mit hungrigem oder übervollem Bauch.
Praktizieren Sie nicht, wenn Sie müde sind.
Außer wenn Sie Ihr Qi gemeinsam mit Ihrem Partner trainieren, praktizieren Sie nicht nach dem Sex.
Praktizieren Sie weniger und weniger intensiv während der Menstruation.
Bei Krankheit oder in der Rekonvaleszenz müssen die Übungen dem Zustand angemessen sein.

Unerwünschte Effekte, auf die jeder achten sollte:
Auf der physischen Ebene können Schwindel, Kopfschmerzen, Kurzatmigkeit oder Erstickungsgefühle, Beschleunigung des Herzschlags, Mundtrockenheit oder Halskratzen, Taubheit umschriebener Körperareale, Blähungen oder Spannungen im Bauch, Schweregefühl in Rumpf und Schultern, Hitze- und Energiewallungen, die aus dem Unterbauch kommen und nach oben Richtung Brust streben, Schläfrigkeit oder Schlaflosigkeit auftreten.
Auf der mentalen und der emotionalen Ebene können auftreten: emotionale Instabilität, Rückzug, unspezifische Ängste, Vergeßlichkeit, Rauschgefühle, Konzentrationsverlust und andere extreme Zustände.

Zur Entwicklung einer guten Übungspraxis sei empfohlen:
Nehmen Sie sich Zeit!

Sorgen Sie für gute Anleitung.
Entwickeln Sie ein tiefes Verständnis der Übungen.
Ruhen Sie sich genügend aus.
Lernen Sie vor allem die grundlegenden Fertigkeiten.
Praktizieren Sie oft und lange genug.
Praktizieren Sie in guter, sauberer und frischer Umgebung.
Führen Sie ein harmonisches Leben in Mäßigung und Gleichmut.

Auswahl eines Lehrers

Qi Gong kann man vielfältig anwenden: Es kann Bestandteil des Sporttrainings, der Gesundheitsvorsorge, einer Meditation und vieles mehr sein. Entsprechend viele Arten von Lehrern gibt es: Manche unterrichten klassische Formen, die sorgfältig und präzise über Generationen und Jahrhunderte weitergegeben wurden; andere wurden durch vervollkommnete Meister ausgesucht und trainiert; wieder andere haben die grundlegenden Prinzipien übernommen und etwas zusammengemischt, das sie ihren eigenen Stil nennen; wieder andere verstehen nicht wirklich, was sie tun, und sind daher gefährlich. Zu Ihrer eigenen Sicherheit ist es wichtig, die Unterschiede zu kennen.
Da man sich im Westen nicht einfach bei anerkannten Meistern rückversichern kann, ist es für den Anfänger schwierig herauszufinden, mit welcher Qualität von Qi Gong er es zu tun hat. Eines der Probleme ist, wie dieses Thema unter Übenden diskutiert wird – ähnlich wie bei vielen nicht-verbalen Disziplinen wie den Kampfkünsten, der Malerei, Gesang oder Tanz. Die Sprache ist ungeeignet, diese Erfahrungen oder Empfindungen zu beschreiben. Dafür gibt es kein einfaches, geläufiges oder etabliertes Vokabular.
Die Auswahl eines Lehrers geschieht durch ein klares intuitives *›Wissen‹*, einen Sinn oder ein Gespür dafür, daß der Lehrer wirklich weiß, was er tut. Es hängt damit zusammen, ob eine Person es wert ist, Lehrer zu sein, Respekt zu verdienen, jemand zu sein, dem man sich genauso wie einem Arzt oder einem Chirurgen anvertraut. Das hat mit non-verbalen

Zeichen zu tun wie dem Blick in seinen Augen, wenn er Sie anspricht, oder mit seiner Art, über sich zu reden, und mit der Art, wie er sich bewegt. Vielleicht berühren Sie sein Selbstvertrauen und seine Bescheidenheit, sein Sinn für Humor, seine Freundlichkeit oder sein Sanftmut, seine Art, Sie physisch zu berühren, oder ob er Ihnen das Gefühl gibt, respektvoll und in Ihrem Interesse zu handeln.

Schauen Sie sich auch an, wie er sich darstellt: Ist er wirklich ein gutes Beispiel für das, worüber er spricht? Wie verhält er sich im Alltag? Könnte er für Sie ein Vorbild sein? Wie sind seine anderen Schüler? Wie fühlen sich andere Schüler bei ihm?

Diese Merkmale sind nicht verschwommen oder vage. Sie sind sehr real und faßbar und müßten zu Ihrer Orientierung ausreichen. Hören Sie aufmerksam auf Ihre innere Stimme. Hören Sie auf Ihre Körperreaktionen, setzen Sie Ihre Intuition und Urteilskraft ein, und vertrauen Sie darauf. Sie weisen Ihnen den Weg.

Im Westen sind wir gewohnt, von Lehrern ein ganz bestimmtes Auftreten und eine ganz bestimmte Vorgehensweise zu erwarten. Diese hängen damit zusammen, wie wir uns selbst sehen – mit unserem Sinn für Individualität und für personale Identität. In Asien ist es anders, dieser Sinn für das Selbst wird nicht unbedingt geteilt – nicht, daß Asiaten keine Persönlichkeit hätten, sie achten mehr als wir auf das *›Transpersonale‹*, auf das, was viel mehr ausmacht als unsere Persönlichkeit und unsere begrenzte Selbstidentität. Im Kern mancher östlicher Lehre und Praxis liegt eine Art leidenschaftslose Sachlichkeit. Der Lehrer will nicht unbedingt *›nett‹* zu Ihnen sein oder von Ihnen gemocht werden. Sein Interesse gilt den transpersonalen, den höheren Ebenen Ihres Wesens.

Es muß klar gesagt werden, daß bestimmte Lehrer ein sehr starkes Interesse haben, ihren individuellen Stil und die damit verbundene Tradition weiterzugeben und zu verbreiten. Dafür gibt es viele Gründe, einige begrüßenswert und andere weniger.

1. Die Lehrer glauben aufrichtig an ihren eigenen Stil.
2. In manchen Fällen bestreiten sie damit ihren Lebensunterhalt. Mit diesem Beruf ernähren sie ihre Familie und haben das legitime Inter-

esse, diese Einkommensquelle zu schützen, genauso wie jeder es in seiner eigenen Branche tut.

3. Wenn sie ihren Schülern alles beibringen würden, was sie selber können, dann würden diese Schüler a) kein Bedürfnis mehr haben, zu ihren Kursen zu kommen, und würden sie b) möglicherweise verlassen und dann selber unterrichten; damit würden sie zu Konkurrenten.

4. Einige Lehrer legen großen Wert darauf, als Lehrer / Meister / Sifu betrachtet zu werden, und wollen daher nicht, daß ihre Schüler die gleiche Ebene wie sie erlangen, um ihre eigene Stellung und Autorität zu erhalten.

5. Die Geisteshaltung der Lehrer ist kulturell begründet. Wenn jemand aus dem Westen direkt bei einem chinesischen Lehrer / Meister gelernt oder trainiert hat, dann wird er wahrscheinlich bestimmte unbewußte, tief verwurzelte Verhaltensweisen dieses Lehrers und damit die kulturabhängigen Verhaltensmuster, die dem zugrunde liegen, respektieren und sogar übernehmen. Ein solcher Lehrer könnte zum Beispiel chinesische Kleidung tragen statt eines Jogginganzugs; er wird vielleicht kritische oder fragende Haltungen bei seinen Schülern nicht fördern, sondern eher verwerfen; vielleicht wird er von Ihnen verlangen, daß Sie ihn mit einem besonderen chinesischen Wort begrüßen, oder daß Sie sich vor ihm verbeugen. Solche Manieren werden Sie anziehend oder befremdlich finden, je nach Ihrem Geschmack. Es ist anzunehmen, daß sie Ihrem Lehrer zum größten Teil unbewußt sind. Wenn Sie dabei ein gutes Gefühl haben, dann gibt es nichts dagegen einzuwenden.

6. Das Wissen des Lehrers verdient zu Recht höchsten Respekt. Es hat ihn viel Arbeit gekostet, viel Aufmerksamkeit und Hingabe, dieses Wissen zu erlangen. Das sollte man nicht auf die leichte Schulter nehmen. In Asien ist die Bekundung von Respekt dem Lehrer gegenüber von großer Bedeutung. Ein Lehrer wird manchmal höher geschätzt als der eigene Vater!

Richten Sie sich bei der Auswahl Ihres Lehrers einfach nach Ihrem gesunden Menschenverstand.

Was passiert beim Üben?

Die Praxis des Qi Gong verläuft stufenweise. Wenn man die höchsten Stufen der spirituellen Entwicklung und das Üben der Unsterblichkeit in der Inneren Alchimie ausnimmt, kann man die Praxis in folgende Stufen einteilen: Unbrauchbares ausscheiden, sich öffnen, Qi aufnehmen und halten, Qi ansammeln, die Tugenden entwickeln, Qi fließen lassen, speichern, bewahren und gezielt entladen.

Unbrauchbares ausscheiden
Das erste, was Sie zu tun haben, ist, das verbrauchte, alte, unreine oder schlechte Qi loszuwerden. Das tun Sie durch gezielte Atmung wie in den Sechs Heilenden Lauten oder durch Bewegungen, die Ihnen helfen, das negative Qi abzuschütteln, oder auch durch Ihre Vorstellungskraft.

Sich öffnen
Als nächstes lernen Sie, Ihre Energie zu wecken und zu konzentrieren. Wo ist der Schalter? Eigentlich gibt es mehrere mögliche Schalter, aber einer der besten ist, seine Aufmerksamkeit auf den Bauchnabel zu richten. Der Nabel ist die Stelle, über die Sie ursprünglich Energie, Nahrung, Flüssigkeit und vorgeburtliches Qi bezogen haben. Er ist der sicherste und der stabilste Ort Ihres Wesens – Ihr Zentrum. Er ist das Basislager. Zu lernen, die Aufmerksamkeit und Konzentration dorthin zu lenken, ist eine der bedeutendsten Angelegenheiten überhaupt.

Qi aufnehmen und halten
Diese Stufe beinhaltet, daß Sie lernen, wie Sie Qi in Ihrem Körper aufbauen. Einerseits lernen Sie, Ihre eigene Energie zu bewahren, so daß sie nicht nach außen *›leckt‹* und *›abfließt‹*; andererseits entwickeln Sie die Fähigkeit, Qi aus Ihrer Umgebung zu schöpfen – aus Bäumen, Sonne, Mond. Sie fangen auch an, anders zu leben, bewußter zu essen, tiefer zu schlafen, sich nicht mehr auslaugen und erschöpfen zu lassen, Sie suchen die Gesellschaft unterstützender Menschen und Umgebungen auf.

Qi ansammeln

Qi anzusammeln bedeutet, daß Sie die Fähigkeit entwickeln, es in Ihrem Körper so aufzubauen, daß sich Ihre Kapazität, eine größere Ladungsmenge aufzunehmen, vergrößert. Es ist wie bei Batterien, es gibt welche, die Taschenlampen betreiben und andere, die Dieselmotoren oder Lokomotiven starten können. Diese Fähigkeit, eine optimale Menge Energie aufzunehmen, ist mit ›*Sammlung*‹ gemeint. Wieviel Qi können Sie aufnehmen? Es wird Ihnen genauso wie Gewichthebern ergehen: Je mehr Sie es tun, desto besser werden die Ergebnisse, und je mehr Sie üben, desto stärker werden Sie.

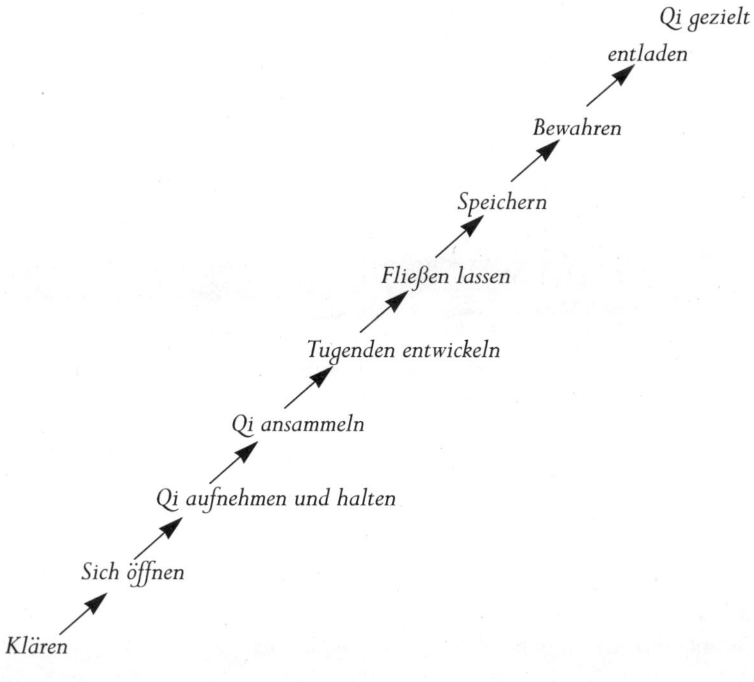

Abb. 20: Der Entwicklungsprozeß von Qi Gong-Übungen

Die Tugenden entwickeln

Wenn Sie die Energie innerlich aufgebaut haben, muß sie verfeinert werden. Es gibt Wege, sie allmählich zu veredeln. Die zwölf inneren Organe halten negative Emotionen fest. Die Praxis der Verbindung der Fünf Elemente hilft, die Emotionen zu reinigen. Diese sind:

Wut (aus Leber und Gallenblase)
Freude (aus Herz, Herzhülle / Perikard, Dünndarm und Dreifachem Erwärmer)
Sympathie (aus Milz / Bauchspeicheldrüse und Magen)
Gram (aus Lunge und Dickdarm)
Angst (aus Nieren und Blase).

Diese Emotionen, die einen negativen Beigeschmack haben, werden zusammengeschmolzen, bis etwas übrigbleibt, das Bestand hat. Damit wird es Ihnen möglich, sich jenseits dieser Emotionen zu bewegen und dort die Tugenden zu entwickeln. Diese sind:

Sanftmut (in Nieren und Blase)
Freundlichkeit (in Leber und Gallenblase)
Ehrerbietung und Respekt (im Herzen, Perikard, Dünndarm und Dreifachem Erwärmer)
Fairness (in Milz und Magen)
Geradheit (in Lunge und Dickdarm).

Diese Tugenden sind die Wurzeln der Güte.

Das Fließen-Lassen

Das veredelte Qi wird dann im Meridiansystem und in den Drei Elixieren zum Fließen gebracht. Sie üben, das Qi durch die acht Sondermeridiane und die zwölf Organmeridiane zirkulieren zu lassen. Dabei wird sowohl das gesamte Meridiansystem als auch die Oberfläche des Körpers und darüber hinaus sein nahes Umfeld miteinbezogen. Gesundheit ist das freie Fließen von gutem Qi. Wenn es irgendwo blockiert wird, sind Sie in der Lage, es zu fühlen und es wieder in Bewegung zu bringen.

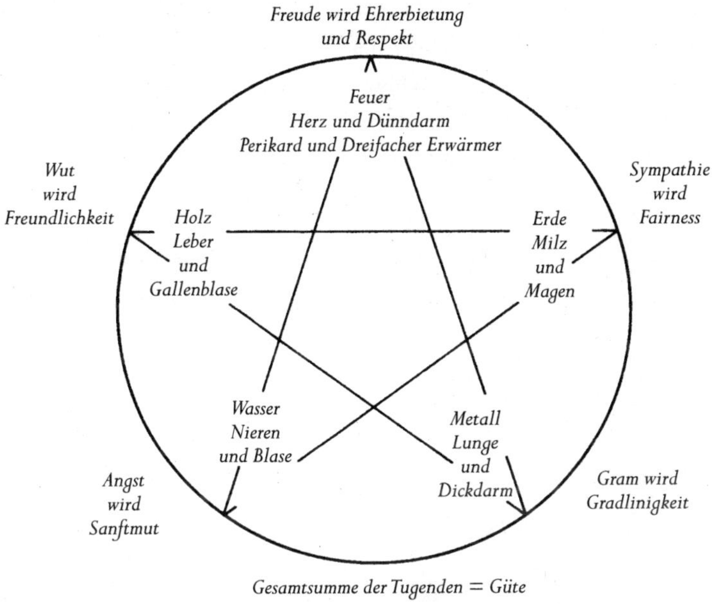

Abb. 21: Transformation der negativen Emotionen im Zyklus der Fünf Elemente: Die Kultivierung der Tugenden

Das Speichern

Es wird dann möglich, dieses verfeinerte Qi zu speichern und es in die Gewebe und Zellen zu geben. Jede Ihrer Zellen verwandelt sich in eine bessere individuelle Batterie, die mehr Aufladung verträgt. Sie können Ihre Energie im Knochenmark speichern. Sie können sie auch in den Faszien lagern. Sie können mehr Energie aufnehmen. Sie werden größer, konsistenter und stärker. Sie werden gesünder.

Das Bewahren

Sie werden fähig, Ihr Qi zu bewahren und es frisch und klar zu halten. Sie entwickeln starke Puffer oder Filter, die negative Energie aufhalten und unerwünschtes äußeres Qi daran hindern, in Sie einzudringen. Sie können sich besser schützen – vor äußeren Einflüssen wie dem Klima (windig, heiß, trocken, feucht, kalt) und vor negativen Emotionen anderer Leute. (Sie lassen sich nicht mehr von Angriffen oder Kritiken niederschmettern.) Sie sind in Ihrem eigenen integrierten Energiefeld geborgen, das stark und rein geworden ist.

Qi gezielt entladen

Wenn Sie Ihre Energie bis zu ihrem Optimum kultiviert haben, sind Sie in der Lage, diese Energie nach Wunsch zu entladen: Sie können sie an andere weitergeben, um sie zu heilen oder sie positiv zu beeinflussen. Das nennt man Fa Jing. Es wirkt sogar über große Entfernungen. Sie können auch Qi-Felder in einem Raum erschaffen. Für die meisten von uns sind das wundersame und fast unglaubliche Prozesse, aber es gibt sie. Sie bilden die Basis der Qi Gong-Heilkunst.

Diese Fähigkeiten entwickeln sich langsam, durch regelmäßige und gründliche Praxis. Um es zu schaffen, müssen Sie üben. Also los!
Nachdem Sie diese Fertigkeiten und Fähigkeiten zur Reife gebracht haben, können Sie sie automatisch einsetzen. Es läuft wie von selbst. Je weiter Sie kommen, desto einfacher wird es. Sie können ein Stadium erreichen, in dem sich das, was auf der grundlegenden Ebene passiert, geradezu von selbst erledigt, so daß Sie sich nur noch um die höheren und subtileren Stufen zu kümmern haben.

Hier einige Beispiele:

Sie können so weit kommen, daß Sie nur noch den Gaumen mit der Zunge zu berühren brauchen, und der Kleine Himmlische Kreislauf wird in Gang gesetzt.
Sie können auf Auflademodus schalten, bevor Sie schlafen gehen, und völlig erfrischt aufwachen.
Sie können meditieren und Ihr Qi fließen lassen und dabei den Schlaf einer ganzen Nacht sparen.
Sie können die Nahrungsmenge, die Sie brauchen, reduzieren und den

Restbedarf durch stärker verfeinerte Naturenergie befriedigen. (Stellen Sie sich vor, was das für Sie – und für die Erde insgesamt – bedeuten könnte, wenn jeder seine Konsumbedürfnisse so zügeln könnte!)
Sie können Ihre Bedürfnisse und Begierden kontrollieren: Dinge, die Sie früher als Ihre *›Bedürfnisse‹* bezeichnet haben, sind Optionen geworden, denen Sie frei nach Ihrer Wahl folgen oder nicht.
Sie können auf einer reineren und höheren Ebene funktionieren, Ihren geistigen und seelischen Körper kultivieren, anstatt wie früher von Emotionen und Begierden getrieben zu werden, ohne sich dessen bewußt zu werden.
Sie können Ihr wahres Ich erkennen.

All das kann beginnen, wenn Sie sich nur die Zeit nehmen, diese Übungen zu lernen und sie regelmäßig zu praktizieren.

Wie Sie Ihre Energie kultivieren

Sie werden allmählich ein klareres Gespür für Ihre Energie bekommen. Sie werden Ihre Energie insbesondere dann klar spüren, wenn Sie sie lenken oder bewegen. Dann werden Sie keine Zweifel mehr haben. Es wird wie das Rieseln der Dusche auf Ihrer Haut sein oder wie der Wind, der über Ihren Körper streicht, oder wie die Wärme der Sonne. Sie werden in der Lage sein, zu sagen, ob Ihre Energie richtig fließt, in der angebrachten Menge und in die richtige Richtung. Sie werden anfangen, Ihr Qi mit der Vorstellungskraft zu lenken, zu beschleunigen und zu beruhigen.
Sie werden begreifen, daß Sie Ihre Energie nicht über einen bestimmten Punkt hinaus treiben können, daß Sie keinen Erfolg damit haben werden, sie schneller zu bewegen, als sie es kann oder will. Sie werden lernen, daß sie ihre eigene Geschwindigkeit und Integrität besitzt. Sie können unmöglich die Natur forcieren, genauso wie Sie unmöglich einen Baum zum Wachstum oder eine Blüte zum Öffnen verdonnern können. Sie werden schließlich in der Lage sein, den allgemeinen Zustand Ihrer

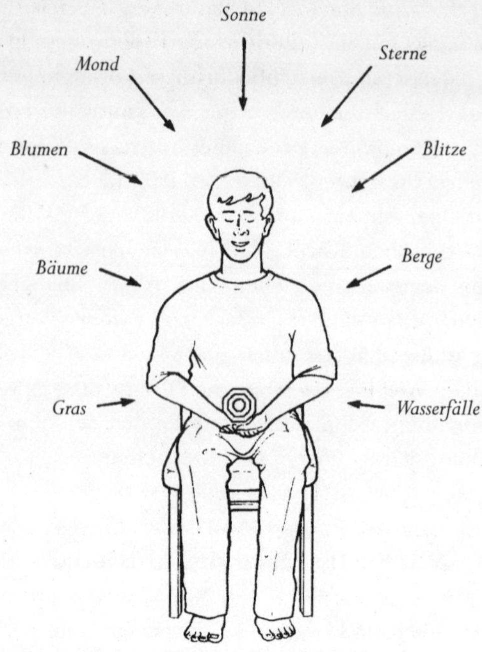

Abb. 22: Äußeres Qi in sich aufnehmen

Energie abzulesen – wann Sie sich stark fühlen, wann ausgepowert oder schwach, wann Sie fast erloschen sind, oder wann Sie bereit sind, es mit der ganzen Welt aufzunehmen.
Sie werden daher mit dem Gefühl vertraut werden, wie es ist, seine Energie stark, rein und leistungsfähig zu halten. Bis dahin wird das für Sie vielleicht ein unbekanntes oder ungewöhnliches Gefühl geblieben sein; es ist nicht das gleiche, wie im Urlaub zu sein oder einen Berggipfel zu ersteigen oder Ski zu laufen: Es ist ein eigenständiger Gefühlszustand, dessen Sie gewahr werden, wenn Ihre Energie ganz klar und ganz stark ist.
Und schließlich werden Sie die Fähigkeit entwickeln, Energie aus der

Natur zu beziehen – aus Sonne, Bäumen, Gras, Bergen, Gewitterblitzen, aus einem Wasserfall ... Alle natürlichen Gegebenheiten können in die Übung mit einbezogen werden. Sogar Mond, Sterne oder andere Himmelskräfte können Sie in sich aufnehmen und bewahren.

Der Schlüssel zu allem ist die Praxis. Sie müssen es nur tun und in Ihr tägliches Leben einbauen. Dieser unermeßliche Schatz, Ihre Energie, ist die Essenz des Lebens, und sie steht jedem zur Verfügung. Alles, was Sie zu tun haben, ist zu lernen, damit umzugehen; allein das wird Sie zu einer neuen Ebene bringen.

Beginnen Sie mit Qi Gong, und Sie werden beginnen, Ihre Energie zu kultivieren. Praktizieren Sie Qi Gong, und Sie werden sich einen Schritt nach vorn auf dem Weg Ihres persönlichen Wachstums bewegen.

Übung sechs
Heilende Energie in Ihren Händen

Wie Sie Ihre eigene Energie gewinnen und sammeln können, um damit sich und andere zu behandeln

Ziel

Umgang mit der äußeren Energie, so daß Sie unmittelbar Ihr persönliches Energiefeld erfahren und Ihre Energie weiterentwickeln können, um sie sich selbst oder einer anderen Person zur Heilung zusenden zu können.

Übungsanleitung

1. Sitzen Sie ruhig, die Füße flach auf dem Boden, die Hände auf dem Schoß; klären Sie Ihren Geist, und entspannen Sie sich.
2. Bringen Sie Ihre Handflächen zusammen, die rechte über die linke; Ihre Arme ruhen auf Ihren Oberschenkeln.
3. Öffnen Sie Ihren Scheitelpunkt am Kopf, und füllen Sie sich beim Einatmen bis zur Nackenbasis mit himmlischem Qi. Öffnen Sie die Zentren Ihrer Fußsohlen, und lassen Sie beim Einatmen das irdische Qi

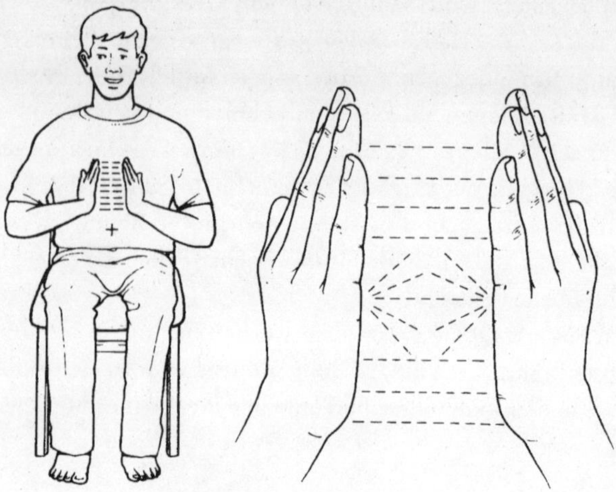

Abb. 23: Heilende Hände

durch die Beine und den rückwärtigen Teil des Beckens den Rücken mittig hinaufströmen bis zum Treffpunkt mit dem himmlischen Qi an der Nackenbasis. Halten Sie mit Hilfe Ihrer Vorstellungskraft das vereinigte Qi des Himmels und der Erde an dem Punkt Großer Hammer / Da Zhui.

4. Schließen Sie Ihre Augen, sammeln Sie Ihre Aufmerksamkeit, machen Sie Ihren Geist leer. Öffnen Sie Ihre Hände, bis die Handflächen sich in einem Abstand von etwa 7,5 bis 15 cm gegenüberstehen. Lenken Sie kraft Ihrer Vorstellung das Qi vom *›Großen Hammer‹* an der Nackenbasis zu Ihren Handflächen. Achten Sie auf jede Empfindung in Ihren Händen. Es kann ein leichtes Prickeln oder Wärme entstehen oder das Gefühl von elektrischem Strom oder etwas Ähnlichem. Beobachten Sie, und bleiben Sie so bewußt und wach wie möglich.

5. Lassen Sie diese Empfindung stärker werden. Lassen Sie sie sich zuspitzen. In dieser Haltung erschaffen Ihre Hände einen sich selbst erhaltenden Kreislauf, und die natürliche Energie / das Qi fängt an, sich zu vermehren.

6. Je stärker das Qi wird, desto besser werden Sie es spüren. Bewegen Sie Ihre Hände leicht aufeinander zu und wieder voneinander weg. Halten Sie eine Hand still, und bewegen Sie die andere auf sie zu und von ihr weg, und spüren Sie, was passiert. Probieren Sie's auch mit der andern Hand. Spielen Sie mit der Energie zwischen Ihren Händen. Es ist ein subtiles und feines Spiel. Spielen Sie es mit Fingerspitzengefühl, mit Zärtlichkeit.

7. Das Qi wächst weiter zwischen Ihren Händen. Dabei fühlt es sich *›voller‹* an, so als ob sich etwas langsam zwischen Ihren Händen kristallisieren würde. Um dies intensiver zu genießen, bewegen Sie Ihre Hände ein klein bißchen hin und her wie vorhin. Lassen Sie sie auf diesen Qi-Ball federnd aufprallen, als hätten Sie hochsensible Sprungfedern, die auf leichteste Druck- und Dichteänderungen reagieren würden. Dieses Energiefeld ist elastisch wie Gummi; folglich gibt es einen Rückprall, wenn Sie es komprimieren. Nehmen Sie sich Zeit, diese Empfindungen zu erforschen.

8. Halten Sie Ihre Hände weiter in dieser Position, und das Qi wird sich weiter aufbauen und vermehren; dabei wird es allmählich räumlich anwachsen wie eine Gewitterwolke. Wenn Ihre Hände im Laufe der Übung immer empfindlicher werden und diese feinen Änderungen wahrnehmen können, wird sich der Abstand zwischen ihnen entsprechend dem Wachstum des Qi-Balls, den sie umfassen, allmählich vergrößern. Der Qi-Ball wird auch dichter. Bewegen Sie Ihre Hände näher aufeinander zu, und Sie werden spüren, wie die Dichte zunimmt, möglicherweise bis zu einem Ausmaß, daß es Sie Mühe kostet, die Hände noch näher zueinander zu bringen.

9. Wenn Sie diese Übung in einem spärlich beleuchteten Raum vor einer weißen Wand machen, dann ist es tatsächlich möglich, den Qi-Austausch zwischen Ihren Händen zu sehen.

10. Jetzt haben Sie einen Ball konzentrierter und verdichteter Energie zwischen den Händen. Sie haben ihn aus der Energie des Himmels und der Erde und aus Ihrer eigenen Lebenskraft durch diese einfache Technik, die jeder lernen kann, auf die Welt gebracht. Das können Sie jetzt anwenden, wie auch immer Sie wollen.

Wenden Sie es bei sich selbst an: Bringen Sie den Energie-Ball zum Beispiel zu einem Knie oder zu einem Sprunggelenk, indem Sie Ihre Hände links und rechts der Stelle, die Sie behandeln wollen, auflegen, so daß die Energie zwischen Ihren Händen durch das betreffende Gebiet hindurchfließt. Oder legen Sie Ihre Hände nebeneinander auf eine bestimmte Körperstelle, zum Beispiel die Hüfte, wenn sie schmerzt, oder den Magen, wenn er unruhig ist. Oder auf Ihre Augen, Ihre Ohren. Bei Kopfschmerzen wird Ihnen diese Technik Linderung verschaffen. Sie können sie anwenden, wie auch immer Sie es wollen oder brauchen. Sie sind der Künstler.

Die bekannte, in allen Kulturen der Welt anzutreffende Haltung, in welcher man mit am Hinterkopf gekreuzten Händen daliegt, ist eine instinktive Qi Gong-Haltung. Die Energie der Handflächen wird auf einen Punkt an der Schädelbasis – das Jade-Kissen – gelenkt, der in direkter Verbindung zum Stammhirn steht und dort entspannend wirkt. Dieser Hirnabschnitt ist zum Beispiel für die automatische Regulierung von Körpertemperatur, Herzschlag und Atmung verantwortlich.

Wenden Sie es an, um einem Kind, einem Geliebten oder einem Freund zu helfen. Erzeugen Sie die Energie, und legen Sie dann Ihre Hände auf beide Seiten der schmerzenden Körperstelle, sei es eine schmerzende Schulter, ein Knie, eine Verletzung oder eine Operationswunde: oder was auch immer zwickt und schmerzt.

Wenden Sie es bei Tieren und Pflanzen, bei Ihren Goldfischen und Ihren Blumen an.

Diese Übung skizziert die Basistechnik zur Erzeugung Ihres eigenen Qi für Anwendungen aller Art. Versuchen Sie es. Seit undenklichen Zeiten haben es Leute getan, weil es natürlich und wirksam ist.

Es gibt viele Anwendungsmöglichkeiten dieser Energie Ihrer Hände. Sie ist kein Ersatz für professionelle ärztliche Beratung oder Behandlung, aber sie verwendet eins der wunderbarsten Geschenke, das wir mit auf die Welt bringen und das das allerursprünglichste Fundament der Heilkunst ist: die Kunst der Berührung. Und es gibt etwas, das die Wirkung der Berührung noch erhöht: Liebe.

Über die Übungen

Diese sechs Übungen sind voneinander unabhängig und können einzeln praktiziert werden. Wir haben sie so ausgewählt und gestaltet, daß sie von jedem Übenden mit durchschnittlicher Gesundheit zu machen sind. Sie können alle so praktiziert werden, wie wir sie beschrieben haben, um die angegebenen Ziele zu erlangen. Sie können aber auch aufeinander aufbauend durchgeführt werden. Wenn Sie mit der ersten anfangen und dann der Reihe nach weitermachen, bilden sie eine Einheit, die die Effektivität der einzelnen erhöht.
Folgende Punkte sollten Sie während der Praxis immer in Erinnerung behalten:

Fangen Sie langsam und sanft an, damit Sie ›den Dreh rauskriegen‹ und in die richtige Stimmung kommen.
Diese Übungen sind allgemeine Rahmenstrukturen: Bleiben Sie nicht an ihnen kleben, beleben Sie sie.
Versuchen Sie, die Grundprinzipien zu verstehen und die Übungen daraus abzuleiten. Gebrauchen Sie dabei Ihren gesunden Menschenverstand.
Machen Sie Experimente – im Rahmen der gegebenen Anleitungen.
Wenn sich etwas nicht gut anfühlt oder wenn Sie unerwartete Reaktionen spüren, machen Sie eine Pause, und fragen Sie sich, ob Sie nicht zu hart oder zu lange geübt haben.
Im Zweifelsfall lenken Sie Ihr Qi in den Bauchnabel zur Zentrierung und Beruhigung.
Integrieren Sie das Üben in Ihr Leben.
Machen Sie noch einen Versuch und noch einen, bis Sie spüren, daß es stimmt.
Üben Sie, bis Sie das Fließen Ihres Qi spüren.
Praktizieren Sie, praktizieren Sie, praktizieren Sie, und praktizieren Sie noch mal.

Ihre Energie ist die Essenz Ihres Lebens. Sie ist an der Basis dessen, wie Sie sich fühlen und selber erfahren. Sie ist Ihr Lebensfunke. Sie ist das Fundament Ihrer Seele und Ihres Geistes.
Ihre Energie gehört Ihnen – sie steht Ihnen jetzt zur Verfügung, wenn Sie wollen. Alles, was Sie zu tun haben, ist zu üben, und Sie werden nicht nur einen stärkeren und gesünderen Körper und einen friedvollen Geist bekommen – die Qualität Ihres ganzen Wesens wird sich verbessern. Es wird Ihnen jetzt und in der Zukunft sehr viel bringen.

Qi Gong ist das Handbuch Ihrer Energie.
Qi Gong hat den Sinn, Ihre Energie zu kultivieren.

Praktizieren Sie Qi Gong, und Sie werden Ihre persönliche Energie kultivieren.

Praktizieren Sie Qi Gong, und Sie werden die Qualität und die Essenz Ihres Lebens kultivieren.

Praktizieren Sie!

Danksagung

Mein herzliches Dankeschön und tiefe Anerkennung allen, die dieses Projekt möglich gemacht haben.

Meiner wunderbaren Frau, Damaris Jarboux, und meinen Stiefkindern Sonnet und Hagan für ihr Verständnis, ihre Geduld, ihre Unterstützung und ihre Liebe.

Eddie und Debbie Shapiro, die mich gebeten haben, dieses Buch zu schreiben. Susan Mears, die das Buch bei mir in Auftrag gab, für ihre Inspiration und ihre Ratschläge. Julia McCutchen, Chefredakteurin bei Element, die mich während der Arbeiten begleitet hat. Valerie Finlay, David Alexander, Maureen, Lisa und dem Team des Element-Verlags für ihre Unterstützung, und besonders Michael Mann, der alles möglich gemacht hat.

Den zahlreichen Lehrern, Praktikern, Herausgebern und hilfreichen Menschen, die mir freundlicherweise ihre Zeit und Unterstützung während des Projekts geschenkt haben.

Mark Barasch, Francis Butler, Prof. Da-Li Feng, Rick Fields, Pao-Chin Huang, George Leonard, Chia Lu, Kent Nuzum, Bob Pasternak, Sharon Pierson, Richard Ruster, David Scott, Mike Sigman, Michael Winn, Bill Wiswell, Corey Wong... und all den anderen, die ich hier noch vergessen habe, für ihre Hilfe und Ermutigungen.

Ein besonderes Dankeschön meinen Lehrern: Bruce Mitchell, der mir gezeigt hat, worin der Pfiff liegt, Bill und Wendy Harpe, die mir soziale Verantwortlichkeit nahegebracht haben, Anna Halprin, die Kreativität aus mir herausgezaubert hat, Prof. J. R. Worsley und Dr. Judy Becker Worsley, die mich Mitgefühl gelehrt haben, und Dr. Robert B. McFarland, der in mir Überzeugungskraft und Humor in jeder Lebenslage erweckt hat.

Meiner Assistentin, Cyndy de Chelly Rogers, für ihre zahlreichen Beiträge, und weil sie alles einfacher gemacht hat. Carolyn Stollman,

Judy Jacobsen, Jesse Dammann, Brenda Allen, Farokh Omid, Laura Barnad, Elisabeth Culley, Diane Warren, Gary Ferrini und Brian Van Duzee für das Lesen des Manuskripts in seinen zahlreichen Fassungen. Danke schön.

Quellen der Übungen

Die Übungen des *›Inneren Lächelns‹* und der *›Konzentration aufs Zentrum der Körperenergie‹* sind Bearbeitungen der Lehren von Meister Mantak Chia. Die Übungen der *›Energie-Dusche‹* und des *›Energie-Auftankens‹* sind Bearbeitungen der Lehre von Meister Liang, Shou-Yu. Die Übung *›Heilende Energie in den Händen‹* ist den Lehren von Damaris Jarboux entnommen. Die Übung *›An das Tor des Lebens klopfen‹* ist allgemein bekannt.

Weiterführende Literatur

Chang, Stephen T.: Das Handbuch ganzheitlicher Selbstheilung. Handgriffe des medizinischen Tao-Systems, Genf 4. Aufl. 1992

Chia, Mantak: Ch'i – Organ – Transformation, Frankfurt / M. 1987

ders.: Eisenhemd – Ch'ikung. Energieübungen des heilenden Tao, Frankfurt / M. 2. Auflage 1987

ders.: Fusion der 5 Elemente. Übungen der inneren Alchimie, 2 Bde., Frankfurt / M. 1987

ders.: Der Mikrokosmische Energiekreislauf. Die sechs heilenden Laute und das innere Lächeln, Frankfurt / M. 2. Aufl. 1987

ders.: Tao – Geheimnisse der Liebe. Übungen für Frauen, Frankfurt / M. 1986

ders.: Tao Yoga des Heilens. Die Kraft des inneren Lächelns, die sechs heilenden Laute und die Praxis der Chi-Selbstmassage, Interlaken 4. Aufl. 1990

Cleary, Thomas u. a.: Lesebuch Buddhismus, Braunschweig 1994

Cooper, J. C.: Was ist Taoismus? Der Weg des Tao – eine Einführung in die uralte Weisheitslehre Chinas, Bern / München / Wien 1993

Jiao, Guorui: Qigong Yangsheng. Gesundheitsfördernde Übungen der traditionellen chinesischen Medizin, Uelzen 2. Aufl. 1989

ders.: Qigong Yangsheng. Chinesische Übungen zur Stärkung der Lebenskraft (erscheint im März 1996 im Fischer Taschenbuch Verlag)

Kaptchuk, Ted: Das große Buch der chinesischen Medizin. Die Medizin von Yin und Yang in Theorie und Praxis, Bern / München / Wien 1990

Needham, Joseph: Wissenschaft und Zivilisation in China, Frankfurt / M. 1984